侯 楨 著

侯楨作品集2：短篇小說

喜上眉梢

文史哲出版社印行

喜上眉梢 /侯楨著 -- 初版 -- 臺北市：文史
哲,民 101.03
頁； 公分（侯楨作品集；2）
ISBN 978-986-314-014-6（平裝）

857.63 101002740

侯楨作品集2：短篇小說

喜上眉梢

著　者：侯　楨
出 版 者：文 史 哲 出 版 社
http:// www.lapen.com.tw
e-mail：lapen@ms74.hinet.net
登記證字號：行政院新聞局版臺業字五三三七號
發 行 人：彭　正　雄
發 行 所：文 史 哲 出 版 社
印 刷 者：文 史 哲 出 版 社
臺北市羅斯福路一段七十二巷四號
郵政劃撥帳號：一六一八〇一七五
電話886-2-23511028・傳真886-2-23965656

定價新臺幣三六〇元

中華民國一百零一年（2012）三月初版

ISBN 978-986-314-014-6 08522

喜上眉梢

目次

爭孫記

曾太太一早起來，精神有點異樣，像是興奮，又像是緊張，總之，和往日有點不一樣。曾先生的報紙已被迫放下三次，這次他光火了！

「你到底要怎麼樣？你讓我把報紙看完行不行？我看你打起床到現在就沒有停過，嘴巴也沒有閒過，你到底累不累呀？」

「你知道我累就該自動來幫忙；我現在是請你、求你，你還要發牢騷。報紙一天都可以看，你現在又不上班了，還擺那個派頭幹什麼？」

曾先生最恨太太提到這一點，太太偏偏又不避忌諱。他狠狠的瞪了太太一眼，把報紙用力一扔，站了起來：

「你要我做什麼？快說。」

「我叫你幫我把這個酒櫃移到靠邊去，否則等會那兩個小魔王回來就會打翻了天。」

「搬過來也是你的主意，現在又要搬回去，無事找事做，真是莫名其妙。」

曾先生一邊幫忙一邊嘮叨，夫妻倆人費了九牛二虎之力，才把櫃子移好，移得曾先生一肚子的火：

「還有什麼要做的？快說。等會再叫我就不幹了。」

曾太太看他一眼，沒有理他，逕自走進廚房。

往日兒媳回來是有什麼就吃什麼，沒有特別的安排。今天，曾太太特別為媳婦做一道梅子排骨。媳婦一向怕肥膩，唯獨喜歡梅子排骨，蒸多少她能吃多少，連汁都不剩的。今天，她做了一大盆，讓她吃得過癮。另外又包些兒子喜歡吃的鮮蝦雲吞，她把排骨處置好，放在冰箱裏。把餡子連同雲吞皮一起拿到客廳去包。她在一個茶几旁坐下。曾先生還在看報紙，嘴裏咬著煙斗，已經看到廣告欄了。曾太太看看他，沉思了很久：

「你把報紙放下來，我有話和你說。」

曾先生放下報紙，把眼鏡拉下來架在鼻準上，斜瞟著他的太太：

「說什麼？」

曾太太先詭秘的笑笑，隔了一會才說：

「你喜不喜歡孫子？」

「你這不是廢話，問得毫無道理。」

「那麼，等會他們回來，你要盡量的逗那兩個娃兒，讓他們知道，你才是他們最親的爺爺，讓他們知道我們好喜歡他，他們要什麼你就給他什麼，知道嗎？」

曾先生莫名其妙的看著她，乾脆連眼鏡也拿下來：

「你這是幹什麼？你有什麼鬼主意？」

曾太太裝得若無其事一般，聲音很平淡：

「我要把孫子接回來！」

曾先生瞭解太太的脾氣，一向是獨斷慣了，他突然覺得事態嚴重：

「你發什麼神經？怎麼無緣無故的忽然想到要孫子？」

「難道你不想？」

曾先生一時無以為答，頓了一會：

「你明知道這件事行不通的，當初……。」

「當初的事我記得，不用再提起。那時候我身體不好，不能帶孫子。並沒有說永遠都不帶，我現在……。」

曾先生提起了當初，她無法不想起往事來。想起往事，多少感到抱歉；當初，的確是自己放棄帶的。不過那時候的情形不一樣。當初她的想法是：自己已辛苦了一輩子，好不容易才把幾個孩子帶大。成家的成家，就業的就業，剛剛可以鬆口氣，不用一早起來趕早飯，不用做便當，不用每天提一大籃菜。悠悠閒閒的，想做什麼就做什麼，自由自在。如果又要帶孫子，豈不是等於從頭再來一次？不幹不幹。她認為各人有各人的責任，一個女人當她的孩子大了，剩下的責任就是照顧丈夫。除此以外，就是好好的享受那剩餘的人生。趁現在眼睛還能看，兩腿還能跑，就該好好的運用這一段時間，為自己，完全的為自己。她曾經想過學畫國畫，學彈古箏，還想學一點點外文，以便萬一有機會出去走走，也不致於做啞巴。已經虛度了大半輩子的人，不能再把累贅往身上拉。她藉口身體不好，示意她的媳婦方薇薇要自己負起帶孩子的責任，不能依賴，不能依靠。當她知道親家母要帶孫子的時候，她卻不便再說什麼。既然自己不想帶，又怎能管其他呢？就這樣，順理成章的，孫子就一直住在外婆家了。本來是一點問題都沒有的，大家都高高興興，快快樂樂。她沒有想到先生會退休。沒有想到先生退休後對她的生活會有那麼大的影響，精神上有那麼多的改變。先生不上班整日在家相對，反而使她什麼事情都做不下，總像有人監視她似的，畫畫不能專心，練琴不能專心，連書報都看不下去。常常會無緣無故的煩躁，又找不到令自己煩躁的原因。她忽略了自己的身心都在改變。每當先生和她抬槓的時候，她就會傷心不已。她發現先生對她的態度改變了，說話也不像從前那麼順著她了。而曾先生呢，也發現自從退休後太太也不像從前那麼體貼他，難道夫妻也會那麼現實？他感到痛心。其實，他們從前也常常抬槓。可是只要經過幾個鐘頭，下班回來，一切就會煙消雲散。現在呢？嘔了氣轉來轉去還得碰頭，大家心存芥蒂，怒目相向，氣氛就很難和諧。生活也變得枯燥乏味了。

有一天，夫婦兩人又在生悶氣，已經兩天沒有說話。忽然兒媳回來了，帶著兩個孫子，孫子一回來，氣氛馬上改變，夫妻兩人都開朗起來，曾先生更是笑呵呵地，曾太太突然驚覺，原來家裏缺少了什麼。一轉念頭，要把孫子接回來，一定要把孫子接回來。我們需要他們，我們迫切的需要他們。只有他們在家，我們的生活才有樂趣，才能繼續下去。曾先生看她說開一半，突然不做聲，知道她在想心事，於是語調帶點酸溜溜的：

「你現在突然又想要孫子了，是吧？你以為你有權利把他們收回來，是吧？你真是太天真，你的想法也很不近情理。你……。」

曾太太睜大了眼睛瞪著他：

「什麼不近情理？孫子是我們曾家的，我要他們回來，怎麼會不近情理？」

曾先生沒有馬上答腔，今天事態嚴重，他不想抬槓，不覺默默的沉思起來。自從退休以後，生活沒有預想中輕鬆愉快。漫漫長日，不知做什麼好。也曾計畫退休後可以安安靜靜的讀些曾經想讀而沒有時間讀的書。書本打開，倒是全神貫注了，蓋起書本，又不知它到底說些什麼？用腦力的事情終歸不是每個人都能適應的，也不是每個人都想做的。如果不用腦力，那又做什麼好呢？也不能天天去看朋友，也不能天天遊山玩水，可是日子卻是天天都要過的。他無可奈何的嘆了口氣，我何嘗不想孫子呢？有孫子在身邊，生活也不會那麼無聊！可是事情不能那麼莽撞，要好好的從長商量，光憑霸道是不行的。他深深的看了太太一眼，聲音變得溫柔了：

「你對我吼有什麼用？當初……。」

「不要再提當初，想想等會怎麼跟他們說。」

「不管怎麼說你都不能用強硬的辦法。這件事不是你想的那麼簡單，當初……」

「又是當初，好了，不和你抬槓了。總之你照我的話去做就是，其他的我會應付。」

曾太太當然知道這件事不簡單，自己的確是有點理虧。她也知道自己的脾氣一向是操之過急。往往一件不值得生氣的事，給自己三言兩語又弄砸了。她提醒自己，這次一定要控制自己的脾氣。這幾天，她都為這件事傷腦筋，她準備好一套說服的大道理，希望到時候用得上。

曾先生不再說話，夫妻倆各有各的心事。

門鈴響了，曾太太明知道是他們來了，還是怔了一下。門開處，兩個娃兒鞋子都不脫就衝了進來。薇薇大聲叫他們脫鞋，他們充耳不聞，他們的爸爸世良伸手抓回一個要他脫鞋也被他掙脫跑了。大的安中一進門就喊爺爺，手裏拿著本書在爺爺面前搖晃著：

「爺爺，你看，老夫子來了。小舅叫我看完要還給他。爺爺講給我聽！」

曾先生還來不及答應就爬到他的身上，祖孫倆笑嘻嘻的翻起書來。小的安國神氣十足的站在客廳中央，眼睛四處亂轉。快速的跑到茶几前，毫不客氣的伸手一把抓了兩個雲吞，曾太太想叫住他卻來不及了。餡子糊了一手，他還得意的仰起頭來向大人做醜相格格的笑。世良一付無可奈何的樣子，搖搖頭、攔腰把他抱進洗手間。曾太太則和媳婦趕快把東西拿進廚房去。

開飯的時候曾先生看看桌上很多菜，逕自去倒了一小杯高粱酒，怡然的喝著，兩個小娃兒也爬上椅子，眼睛四處亂轉，一人一句，滔滔不絕：

「我們家有高椅子，婆婆買的，你們家沒有。」

安中用筷子沾爺爺的酒，幾乎把杯子打翻：

「公公也喝這個酒，好辣。」

「婆婆說小孩子不可以喝酒。」

「奶奶，你們家有沒有汽水？」

平常他們也是這麼嘮叨，曾太太都是一笑置之。今天，曾太太感到非常刺耳，孫子的每一句話都刺在她的心坎裏。「你看你們又不聽話了，來的時候婆婆是怎麼跟你們說的？你們要是再那麼沒有規矩，下次我和爸爸來，把你們丟在家裏不帶你們來。」

薇薇以為是在教訓孩子，曾太太聽了更起反感。她覺得收回孫子已經是一件不容稍緩的事。她原本準備好一套說服的理由，她也曾不斷的提醒自己，要慢慢來，要用方法，絕對不能用命令。現在被他們這麼一吵，什麼都忘記了。她的話已梗在喉嚨，實在憋得很辛苦。終於，她還是控制不了自己，沒頭沒腦的突然冒出一句來：

「我要你們搬回來。」

話一出口，曾太太就很後悔，已經收不回來了，大家都被她這句話震呆。她看看兒媳一臉驚愕之色，反正也說出口了，也就不再顧忌什麼。她本來就不善於心計，做任何事都喜歡直來直說。現在，乾脆把話說清楚：

「我知道你們會覺得奇怪，我也對他們的外婆感到抱歉。事實上，我和你爸爸都老了，特別是你爸爸退休後，生活很寂寞，很需要兩個孫子來陪伴。再說，我們曾家的孩子也不能老住在方家，這樣成何體統，所以，我要你們搬回來，多半也是為了這兩個孩子。」

曾太太知道自己的毛病又犯了，最後那幾句不應該說的，怎麼就是控制不了自己？她心裏很不舒坦。薇薇驚惶失措的看著她：

「但是，當初也是媽媽你自己……。」

「我知道當初是我的主意，可是那時候的情形不一樣。那時候我身體不好，你們爸爸還在上班，所以才同意偏勞你媽媽帶他們。」

「既然已經在我媽媽那兒住了這麼久了，我媽也會捨不得他們，我想，我要回去問我媽。」

「這件事當然要問過你媽，而且一定要取得她的同意。明天我就去跟她商量，相信你媽媽也是個講理的人，希望她能諒解我們的情形。已經帶了那麼多年了，我虧欠她的太多，也使我感到很慚愧。我也耽心她會捨不得，如果這樣，我可以先帶安中過來，暫時一家一個也好。」

曾太太對這件事沒有十分的把握，她怕萬一發生枝節，也好先舖條路，能夠退而求其次。

世良一直注視著母親，他瞭解媽媽的脾氣，說做就做的，這件事似乎沒有商量的餘地了。他比薇薇更焦灼，心情更複雜。

「媽，妳千萬不能那麼急，那麼衝動，妳要讓我們回去跟她媽媽商量好再說！妳如果這麼貿然的跑去，大家的臉上都不好看，反而會把事情弄僵。我們回去商量好，有消息我馬上就來告訴媽，好嗎？」

曾太太睜著一雙懷疑的眼光看著兒子，她不知道兒子究竟會幫那一邊。

曾先生一直認為這件事理虧，所以一句話也沒有說，默默的喝酒，眼光不時的瞥向大家。兩個娃兒趁機會把桌子弄得一塌糊塗，杯盤狼藉。一頓飯吃得很索然。

飯後，孩子吵著去動物園。

世良夫婦一人牽一個在街上走，心裏都很沉重。這件突如其來的事，令他們束手無策。薇薇一出門就埋怨：

「你媽媽為什麼要我們搬回去？」

「我怎麼曉得。」

「當初是她同意我們住在外面的。」

「……。」

「我媽媽那樣疼他們、照顧他們，説搬就搬未免太不講理、太霸道，太……。」

「現在説這些有什麼用，我們該好好想想，回去怎麼跟你媽説。這件事叫我怎麼開口呢？相信你媽也絕對不會肯的，這，簡直就是強人所難嘛！」

世良用拳頭搥打著手掌，樣子很焦急。薇薇看看他：

「我們到動物園再説，我們找個地方好好的商量商量。」

到了動物園，兩個人還是想不出一個適當的方法，加之各人對自己的母親，總多一分同情，説話也就不大理智，不但問題還沒有解決，小夫妻倆，倒弄得有些氣咻咻的，回家的路上，兩人都沒有説話。

一到家門口兩個娃兒就大叫婆婆，同時自動的脱鞋脱襪，還擺得整整齊齊的。世良想起剛才他們在母親家不肯脱鞋就衝進屋子裏的情形，更令他對母親感到抱歉。

方太太笑咪咪的抱起安國，在他小臉上親了一下，安國也親暱的摟著婆婆的頸子：

「小乖乖，告訴婆婆你今天到那裏玩來？吃了什麼東西？」

「我看見大笨象，這麼大，我給牠吃花生。婆婆，我也給你吃花生。」

安國果然塞了一粒花生在婆婆的嘴裏，樂得婆婆又在他小臉上親一下。方太太忽然發現世良薇薇兩人神情木然，莫非又吵嘴了：

「你們兩個怎麼啦？吵架了？」

世良馬上驚覺的盡量掩飾著擠出笑容來：

「沒有，我們走累了。」

「爸爸騙人，奶奶要我們搬回家，爸爸和媽媽吵架。」

世良薇薇同時一怔，想不到才五歲的孩子什麼都知道。方太太的眼光在他們臉上搜索著。然後轉向安中：

「安中，你說什麼？奶奶要你們搬回去？」

薇薇慌忙支開他：

「你們兩人到裏面去洗手換衣服，在房間裏玩。」

方太太更加猜疑，緊逼追問：

「到底發生了什麼事，世良，你說。」

世良一臉惶然之色，低下頭，無以為答。薇薇知道事情不能避免，只好照直說：

「他媽媽說要我們搬回去，她說他們好寂寞，要安中他們回去陪伴。」

方太太臉上現出不悅之色，她看世良不做聲，已經知道事情不簡單：

「是真的嗎？世良，你媽真的是這麼說的嗎？」

世良輕輕的抬起頭看看他的岳母，他真怕火山會爆發。他突然感覺頸子僵硬，頭動了一下，連他自己都不知道是點頭還是搖頭。薇薇看他還是不說話，於是又代他發言：

「當然是真的，他媽還說他們是曾家的孫子，不能長住在方家，一定要回到曾家去。」

薇薇在自己母親面前隨便慣了，話匣一打開，巴不得把所有的委屈都說出來，剛才在外面世良囑咐的話已經忘得一乾二淨。把世良弄得更是坐立不安：

「薇薇，你……。」

方太太忿然站了起來，不自覺的提高了聲音：

「是曾家的孫子，難道就不是我們方家的孫子？既然分得那麼清楚，當初為什麼不自己帶？」

世良一臉愧怍之色，結結巴巴的望著岳母：

「媽媽妳不要生氣，您先……。」

曾太太坐回椅子上，頓著腳：

「我怎能不生氣？你以為帶個孩子容易嗎？不生病的時候一個晚上都要起來兩三趟，有一點不舒服就經常睜著眼睛到天明，一個剛剛會走一個又來，好不容易帶到這麼大，還不是要跟出跟進的洗洗換換。還得定時帶到醫院去打預防針、檢查。排隊、掛號、等候，樣樣都花精神。這些事情你們不知道，你媽不會不知道的。我花了那麼多心血，指望著他們過得快快樂樂，你媽卻說是曾家的孫子……。」

方太太越說越傷感，竟然飲泣起來。世良更加不知所措，但覺心中好像在燃燒。薇薇也緊張起來，她沒有想到自己為了逞一時之快會惹得母親如此的傷心。如果剛才說話技巧一點，小心一點，媽媽可能不會這麼激動的。她一時悔恨不已，跚跚的蹲到母親面前，把手絹塞在母親手裏，還握母親的手，聲音細細的對母親說：

「媽，我們對不起你，是我們不好，我剛才不應該這麼說話的，您不要傷心好嗎？」

方太太強忍著心酸，擦乾眼淚。看看一旁站著愁眉苦臉的女婿，看看還帶稚氣蹲在面前的女兒，不覺慨然長嘆一聲，一番心血想不到卻換來這麼個光景，心情不免索然：「世良，不是我派你媽不是，她個性好強，但是她把孫子當成什麼呢？孫子可以像招之即來揮之即去的小貓小狗嗎？」

方太太這幾句話是有點過火，世良想為母親爭辯，他想起母親說過變通的辦法：

「媽，你也許還不瞭解，我媽說暫時帶安中回去也可以。她並沒有說兩個都要帶回去。」

世良以為是緩和最好的辦法，既能順母親，又不悖岳母，應該是兩全其美、皆大歡喜才對。

方太太正在為剛說出口的話耿耿不安，不管怎麼樣都不應該在孩子面前批評他母親的。忽然聽世良這麼一說，火氣又上升，心裏好像刀戳一般：

「好好兩兄弟，為什麼要拆開他們？我不同意，我絕對不同意，你回去告訴你媽，說我絕對不准這麼做。」

薇薇本想告訴媽媽如果這個辦法不行，她只好把孩子接回去自己帶。現在看見媽媽一臉的悽苦，又不忍心說了。

岳母不同意，對母親無法交代，世良陷入苦惱的深淵裏。怎麼也沒有想到一向快快樂樂幸幸福福的生活方式，忽然會變為一種憾事。他感到很惘然，根本不必存在的問題，卻把兩個家庭帶入莫須有的煩惱裏。他夾身其間，比誰都痛苦。

方太太想了一會，她知道世良太溫順，辦不了正事：

「世良，還是我自己來說，明天我親自去找你媽，這件事我要好好的跟她商量，雖然是小孩的事，我們可不能把它當兒戲來處理。」

世良忽然想起媽媽也說明天要來商量解釋。突然有點想笑的感覺。

明天？明天再說吧！

昨天就不曾知道今天會有事情。

也許明天什麼事情都沒有。

明天！管它呢！

明天的事明天再說吧！

世良無奈的笑笑。

裏面傳來孩子的哭鬧聲，他匆匆的跑了進去。

比翼飛

胡雲甫拿著喜帖看了又看，心中雖然喜悅，卻是思潮起伏，感慨萬千。故友的兒子在南部結婚，他決定去參加，也好藉機舒散一下。他本來是很豪爽洒脫的人，一向虛懷若谷，不知道為了什麼，近年來常常會感到消沉。也許是年紀越來越老，朋友越來越稀的緣故吧！每當看到身邊的朋友無奈的躺在醫院裏受盡折磨，然後躺在殯儀館裏受人祭奠，心中很不是滋味。傷神的事往往又不能避免，胸中積鬱太多，所以很想出去走走，一來可以遊覽名勝開拓胸懷，二來可以看看多年不見的老朋友，吐吐積愫，轉移一下枯燥無味的生活。主意拿定，晚飯後，他在客廳裏踱來踱去，不時的看看廚房，希望太太快點收拾完畢出來，他有事要和她商量。偏偏太太是個慢性子，有事情不是一下子做完，東摸摸，西抹抹，經常都是在賣廣告的時候才去做，有時候拖到節目完畢唱國歌了她還未靜下來。雲甫不喜歡這樣子，他做事一向乾脆俐落，即說即做，絕不拖拉。夫妻兩人的個性很不調和。

終於，太太坐了下來，雲甫趕快拿起桌上的喜帖遞到太太面前：

「嵐茵。你看看這張喜帖，是其仁由高雄寄來的，他要結婚了。我想我們應該去參加，高雄離鳳山很近，喝完喜酒我們還可以到鳳山住一晚，看看外孫們。」

嵐茵接過喜帖，看了一會，心裏也覺得寬慰：

「其仁結婚了，他也該結婚了，都三十出頭了。不過高雄太遠，天氣又那麼熱，去一趟勞民傷財，我看我們送一份重一點的禮也是一樣的。」

雲甫若有所思，沉默了一會。

「這樣不好，松羽臨終的時候曾囑咐我照顧他唯一的兒子，我根本沒有照顧他什麼？現在他要結婚了，我們應該去參加才好，將來老友重逢也好有個交代。」

嵐茵眼睛看著電視，手裏拿著剪刀在修改衣服。聽見雲甫說去鳳山看女兒，很興奮，想到走一趟要花很多錢，又冷了下來。

「我看還是算了，天氣太熱我最怕出門，如果你一定要去，就你自己去好了。」

雲甫看太太的表情，並沒有很堅決的表示不去，於是很溫婉的想說服她：

「嵐茵，我一個人去沒有意思，要去我們兩人一塊去，我們好久都沒有出去走走了。現在到處都是觀光旅遊，我們也趁機會去遊玩一番，好嗎？你如果有興趣，我再請兩天假，我好想到佛光山去看看，聽說那裏是臺灣的佛教聖地。然後，我們去墾丁，我們可以在那裏住一晚，然後……。」

嵐茵停下來，抬起頭，睜著一雙詫異的眼睛瞪著他：

「你發什麼神經？你中獎了？那要花多少錢？我們那來這筆閒錢？」

雲甫越想越興奮，笑咪咪的看著太太：

「我看了郵政儲金簿，足夠我們花了。」

嵐茵沒有想到雲甫會這麼説，很感驚訝：

「你真會打主意，我那裏還差一千塊就是個整數，湊足整數就可以換一張單子，怎麼可以拿來亂花呢？」

雲甫沒有理會太太的表情，依然興趣濃厚：

「這怎麼可以説是亂花呢？這才是正當用途，要不然存錢來幹什麼？」

嵐茵忽然認真起來，聲音裏沒有一絲商量的餘地：

「我也有正當的用途，我不同意用這些錢。」

雲甫費解的凝視著太太，臉上現出不悅之色：

「那有像你這樣存錢的？那我們以後就永遠別想有餘錢用了？只要有零頭你就要湊整數，那有湊足的一日？我真不明白你這麼一個勁的存錢來幹什麼？你我都已經是耳順的人了，還有幾年好活的？我們現在有飯吃有房子住，孩子們都自立了，他們也有了自己的房子，生活都很好，你留錢來幹什麼？」

嵐茵聽雲甫用這種口氣質問她，心裏很難過，不覺落寞起來，幽幽的嘆了口氣：

「我知道他們都過得很好，但是小虎過得不好，我總要為他存一點錢；將來我們回去了，也好給他買一幢房子。這些年他一定吃了不少的苦頭，也好給他補償補償。」

雲甫心裏一怔，他沒有想到太太會說這些話，她怎麼會想得那麼遠呢？怎麼想得起這些來的？真是不可思議，那個身困大陸二十多年的兒子還那麼令她操心，真是天下慈母心，可憐，可憐。一霎時，他的輕鬆心境沒有了，鬱結之情又湧了上來。他戚戚然的看著太太，那花白的頭髮下，襯著一雙失落了什麼似的眼神。看她又低頭改她的衣服。其實，根本就無需改的，改了也不見得會穿。她只不過是捨不得拋棄而已，真是思想陳舊。看她默然不語的似乎做得很入神，不知她又在想什麼了？真叫人猜不透。朋友都羨慕她好福氣，她自己卻過得那麼苦，真是天曉得。還以為孩子們成家立業後，沒有牽掛了，夫妻兩個可以逍遙自在隨心所欲的到處看看、玩玩，享受另外一種人生的境界。怎麼知道她會把精神又放在一個不是自己所能掌握的理想上，真是可憐得近乎愚蠢。幸好她今天把心事說了出來，否則將永遠都不會知道她是那麼的自苦。

雲甫黯然長嘆一聲，不知道要怎麼開導她才好？為什麼做人總是有那麼多的煩惱？他咬著煙斗在沉思，看她不說話，不免輕輕的叫她一聲，她沒有理會。又叫一聲，她才失神似的抬起頭來：

「嵐茵，想那些不著邊際的事情是沒有用的，天下沒有十全十美的事。我們家已經算幸運的了，那些無可奈何的往事就不必再去想它。想了也沒有用，等於鑽牛角尖，和自己過不去。你既然放不下這份心，那麼；我們這幢房子留給他，將來我們跟那個兒子住都可以。這樣你該可以安心了吧？」

嵐茵顯然不相信自己的耳朵，神態很不自然的坐直了身子，愣愣的看著雲甫，過了一會，臉上才慢慢的掛上了笑容。語調變得柔和了：

「你也想到這個問題了？那麼，你同意我把錢存起來留給他了？」

雲甫發現太太的眼睛忽然蘊涵著滿足的光彩。原來她常常落落寡歡就是為了這件事；幸好給我發現了，這真是一件值得慶慰的事，他心情跟著又好轉起來，欣然的坐到太太身旁，輕輕的拿下她的眼鏡，拿開她手中的針線，盡量把聲音調得柔和悅耳：

「嵐茵，小虎已經有房子，就不必那麼苦的存錢了。這些錢，我們拿來旅遊用，用完了，我們再存，反正我們也不會亂花，該用就用。好嗎？」

嵐茵不作表示，顯然是同意了。雲甫很滿意自己的說服能力，竟然忘形的拉起嵐茵的手：

「你還記得我們由南部搬來的情形嗎？一大堆行李，幾個孩子，坐了十二個鐘頭的慢車才到。現在不一樣了，坐光華只要五個多鐘頭，想再快點還可以搭飛機，四十多分鐘就到。如果想享受旅途的樂趣，坐莒光、有餐車，可以享受觀光的情調，你喜歡那一種？隨你選擇。」

嵐茵的心情開朗了，她想起鳳山的女兒：

「他們搬到鳳山快兩年了吧？不知道他這個教官要在那裏做多久？什麼時候才可以調回來？」

雲甫以為介紹了一大堆旅遊的情調會引起她的興趣，那知道她根本沒聽，很沒趣。他坐回對面沙發上，反正事情已經決定了，搭什麼去都無所謂，最緊要的還是要他有良好的心境。

他對這次南遊寄予很濃厚的興趣，希望真能掃除他內心的積鬱。也希望嵐茵能像他一樣，提起精神來享受這次南遊之樂。經過了幾日的商量，終於搭上了南下的莒光號火車。他們的坐位有一個完整的大窗子，視野很廣。他把東西放好，然後小聲的向太太解釋椅子和踏板都可以隨自己的需要調整角度。他一邊示範一邊用眼睛瞟向鄰座，生怕別人懷疑他的太太土氣。

雲甫和太太並排斜靠在軟軟的絨椅上，瀏覽著窗外的景色，音樂柔和的在頭頂縈迴，車窗外驕陽似火，車廂內涼似初秋。漂亮的服務小姐來回的送香巾，奉熱茶，遞書報，雲甫感到很滿意，不覺情意款款而帶點赧然的情懷轉向太太：

「嵐茵，我說的沒有錯吧？是不是很舒服？自從我們結婚以來，還沒有這麼愜意過、享受過，以後我們真應該多出來走走的。」

嵐茵沒有說話，她只覺得在大庭廣眾之下與丈夫並排的斜臥著，很不習慣，所以不斷的翻著書報，希望保持些距離。每當有人經過的時候，她都會感到小小的不安。

闊別多年的高雄到了，雲甫夫婦走出火車站，雖然有點困頓，心情卻很愉快，覺得南部是比北部熱很多。他們在廣場前站著看了一會，火車站的景物到處都差不多，看不出什麼改變。雲甫看看手錶，他曾通知女婿六點鐘在其仁結婚的飯店會面，現在尚早，他看看身旁的太太：

「離吃飯還早，要不要找個旅館休息一下？你累不累？」

嵐茵的眼光四處亂掃，不知道找尋什麼？

「不用了，你不是說想看看余書傳嗎？既然時間還早，現在就去好了，先了一件事。」

余書傳是雲甫的同學、同事，來臺後又同住一個村子裏。嵐茵和余太太的感情很好，可以說得上情同姐妹。後來雲甫全家搬到台北去了，她倆就一直沒有見面。幾年前聽見余太太去世的消息，嵐茵還傷心不已。後來聽說余書傳又結了婚，嵐茵急於想去看余書傳，其實是想去看看他的新太太。

雲甫在車上睡足了，精神奕奕，看見太太興致好，心情更覺愉快：

「好的，我們去那邊找計程車。」

嵐茵的心情也輕鬆了！竟然開起玩笑來：

「如果不是那麼匆忙，我真想走路去，坐了幾個鐘頭的火車，好想活動活動。」

雲甫眼睛在找計程車，只要太太多說話，他就感到高興：

「開玩笑，由這裏走到左營？計程車都要走半個鐘頭……。」

嵐茵溫順的笑笑，指著那邊：

「我知道，我只是說說而已，我們到那邊買點水果再去。」

雲甫一隻手提著個小箱子，一隻手挽著嵐茵過馬路。

嵐茵有點不好意思，小聲的說：

「放開手，幾十歲的人了，頭髮都白了，還牽著手，多難為情？讓人家看見笑話。」

雲甫一聽，挽得更緊：

「有什麼好笑話的？誰說只有年輕人可以挽手？我們老人家手牽手難道就犯法不成？」

嵐茵心裏更急，想掙開他：

「哎呀！你今天怎麼搞的嘛？快放開，人家看見了。」

雲甫有點發狠，故意跟她開玩笑：

「偏不放，讓全高雄的人都來看好了。」

嵐茵感到臉上身上都發熱，隨便買了籃水果就匆匆的鑽進計程車。在車上，她兩次斜瞟司機，還好司機臉上沒有表情。雲甫看她不安的樣子，在她耳邊小聲的說：

「你越來越土了，真該多出來走走，見見世面。」

嵐茵沒有理他，隔了一會，雲甫又挨過身子：

「你剛才有沒有看見跟我們在火車上坐在一排的那個女人？她的年紀比你大，你看人家臉上的打扮，身上穿的花衣服，人家都不怕笑話。」

嵐茵側著頭，困惑的看看他：

「你是說，我穿得太土，是不是？」

雲甫心情好，忘記壓低了聲音：

「穿衣打扮都無所謂，我是說現在時代不同了，你不必那麼死板，誰會看我們來……。」

嵐茵趕快看看司機，用急促沙啞的聲音制止他：

「你小聲一點行不行？」

雲甫瞥她一眼，微笑的坐直了身子，把手上把玩著的煙斗塞在嘴裏咬著，掏出煙絲袋。嵐茵用手臂碰碰他：

「等會抽行不行？連幾分鐘都忍不住？」

雲甫把煙絲袋放回口袋裏，又瞥了一眼太太，把頭轉向窗外。嵐茵打開皮包，拿出粉盒，就著鏡子左右照照，順順頭髮，剛才要下車的時候她已經整理過了。大概是雲甫說起鄰座的女人，她才又照照鏡子，想到馬上可以看到書傳，心裏反而有點不安：

「幾年不見書傳了，記得他從前每年都要來臺北一趟的，現在不知道為什麼不來了。」

雲甫繼續看著窗外，心不在焉似的，聲音很平淡：

「他現在春風得意，正在樂不思蜀，可能已經忘了有老朋友了，我就是要找他算帳的……。」

嵐茵忽然想起什麼來：

「等會你可不能亂開玩笑，他這位太太我們不清楚，別把人家得罪了，我們……。」

雲甫不願擾亂好情緒，縐縐眉頭，不想聽太太教訓：

「這個我知道，連這份心你也操，難怪你的頭髮白得快，好了、到了，就在這裏。」

車子在一條寬闊的巷口停了下來，雲甫夫婦在巷口看了一會，深深的吸了一口氣，像是想吸回些什麼！十幾年了，記憶已經有點模糊，可能是改變了的緣故。從前的木板竹籬都不見了，整齊的高牆紅門傲然的睥睨著這對遠來的訪客。寬寬的道路，牆裏牆外都是高大的樹木，顯得很安寧。他們轉了兩條巷子才找到書傳的門牌號碼，雲甫興奮的搶著按電鈴，很久都沒有動靜，嵐茵小聲的說：

「大概他們睡午覺了。」

雲甫側著頭傾聽裏面的反應：

「午覺也該起來了，那能享福到這種程度，可能出去也不一定，書傳是閒不住的。特別是退了休的人。」

雲甫又連按了幾下，裏面傳出開門的聲音，夫妻倆互相笑笑，慶幸沒有碰門釘。緩慢的走路聲令他們心急，雲甫不等開門竟然大聲的叫起：

「書傳，來客啦！還不趕快大開中門來迎接。」

嵐茵想制止都來不及了：

「看你的毛病又來了，剛剛才囑咐過你。」

雲甫沒有理會太太，又用手敲打著大門。

「來了來了……」

裏面傳出熟識的聲音，腳步依然緩慢。門開處，雲甫夫婦同時吃了一驚，站在面前的竟然是一個滿頭華髮、目光呆滯、右手微彎而抖動不已的老人。嵐茵最容易激動，幾乎把持不住的想哭出來，雲甫鎮定得較快，居然還可以擠出笑容：

「怎麼？老弟，生病也不說一聲，什麼病把你磨折成這個樣子？」

書傳看見來客是雲甫夫婦，眼睛忽然也紅起來，一時張皇失措，不知如何是好，頓了一會，才退後兩步把他們讓進門，把門關上，想說什麼，嘴巴動了一下，沒有發出聲音，停了一會，也擠出了笑容：

「什麼風把你們吹來的？怎麼事先不告訴一聲。」

書傳一邊說一邊彳亍著在前面領路，雲甫夫婦腳步沉重的跟著他，蹣跚的走過院子、走入客廳。客廳很整潔。書傳讓他們坐下，自己也戰戰顫顫的在一張籐椅上坐下來。神態已經正常過來了：

「真沒想到你們會來，應該先寫封信來說說，也好讓我有個準備。你們兩位一塊來，莫非有什麼事？」

雲甫眼睛始終盯著他，發現他說話的舌頭也有點遲鈍，心裏一陣酸楚，只得故作若無其事般：

「一來是有位世侄在高雄結婚，他父母都已過世，所以我們特來參加。二來就是想看看你，沒想到……。」

雲甫說了一半，瞄一眼太太，發現太太正瞪著他，他只好把話嚥回去，把煙斗咬在嘴裏，掏出煙絲袋來。書傳看他突然不說了，不覺悽然一笑，也裝得毫不在乎的樣子：

「沒想到看見我變成了廢物，是吧？」

雲甫夫婦更加愕然。嵐茵因剛才震驚還未恢復過來，眼睛一直盯著書傳，真是百感交集，百哀齊湧。雲甫無論如何都擠不出笑容來了；一臉肅穆的看著他：

「是怎麼弄的？有多久了？把詳細的情形告訴我！」

書傳的情緒已較平靜，眼睛平視著前方，若有所思：

「前年騎單車摔了一跤，沒多久又在院子裏滑了一下，就這麼不中用了。」

雲甫偷偷的嘆了口氣，搖搖頭：

「有沒有看醫生？」

書傳有點莫名其妙的看看他：

「怎麼不看醫生？在醫院裏躺了幾個月，總算把命撿回來，起初還不能走，現在算是全好了。你別看我這付模樣，比起走路來你還未必走得過我。」

雲甫想起他剛才在院子裏走路的樣子，又是一陣心酸。知道是他的牛脾氣，忽然想起什麼來：

「咦？我們的嫂子呢？怎麼我們來了半天都沒看見她？還在納福嗎？」

雲甫說話的時候用手指指樓上，眼睛卻看著書傳。書傳搖搖頭，聲音很小：

「她去摸牌了。」

嵐茵詫異的睜大眼睛：

「摸牌？去那裏摸牌？你家裏還有什麼人？」

書傳神情黯然的搖搖頭：

「都沒有了。家寶服完兵役也走了，平常就只我們兩個人，倒也清靜。她在家裏也無聊，出去摸摸牌也好。」

嵐茵突然氣虎虎的提高了嗓門：

「她去摸牌！就留你一個人在家？」

書傳的神情依然平靜：

「家裏也沒有事，我也習慣了。」

嵐茵激動不已，自己的手也有點抖動起來：

「家裏沒事？你是個病人，她不在家照顧你，這樣的老婆要來幹什麼？」

雲甫看太太忽然兇起來，很意外：

「怎麼？剛才你還訓我，現在自己倒發起火來了。難道你喝了辣椒湯不成？」

書傳被雲甫提醒，沒有理會他們的說話，吃力的扶著椅子站起來：

「你看我多糊塗，你們來了半天了，只顧著跟你們說話，連茶都忘了泡，你們坐一會，我去去馬上就來。」

書傳說完往裏邊走，雲甫站起來一個箭步攔住他，還抓著他的胳臂：

「你跟我好好的坐著，要喝茶我們自己會動手，何須你老弟費神，你真把我們當客人不成？」

書傳突然把臉拉長，甩開他的手，像要打架似的：

「你把我當成什麼啦！你以為我真的是廢人？告訴你，這個家上上下下全是我一手包辦的。胡大嫂請你看一看，評一評，那一樣不及格？你以為我是一個什麼都不會，要人侍候的廢物？別說泡茶，就是一桌飯菜我都弄得出來，不信你們今晚別走，看我的表演。每天三餐飯都是我做，連菜都是我去買，你知不知道？」

書傳越說越激動，把雲甫夫婦嚇得目瞪口呆，雲甫頓了一會，知道他的個性強，忽然也帶笑的對著他吼：

「吹牛的話少說，要泡茶趕快泡來，我倒真的很口渴了。」

書傳轉身進去，雲甫站著愣了一會，搖搖頭，長長的吐了一口氣，眼睛四處巡視，果然是窗明几淨，佈置得很雅緻，落地窗外一個大院子，綠油油的草坪間舖著紅磚很清雅，地上連枯葉都沒有一片，主人的確是很勤快。雲甫想起剛才書傳說的話，如果都是真的，那他就太過苦了，他的工作超過他的負荷。真沒想到幾年不見，他會落魄得如此堪憐。人窮一點沒有關係，就怕晚景淒涼，雲甫越想越傷感，忽然看見書傳笑瞇瞇的用茶杯架子挽了兩杯茶出來，他忙上前接住：

「怎麼只有兩杯？你自己呢？」

書傳得意的指指桌上的茶盅：

「我已經有了，這個茶葉你試試看，相信你會喜歡，我自己配的，很多人喝過都說好，要你說好才算數，你試試看。」

雲甫端起茶杯聞了一下，品了幾口：

「唔，好茶，夠水準。你還是老樣子，重茶不重煙？」

書傳又得意的笑起來：

「是呀！我抽煙是為了陪客人，到口就噴掉，所以好壞無所謂，茶是要喝下去的，一定要上品，你真不愧是我的知己。」

雲甫喝了幾口茶，心裏舒暢很多，他看書傳的心情也很好，很想多知道一點他的情況，於是神情忽然又嚴肅起來：

「書傳，不管你高不高興，我都要問，我們由中學開始就認識，夠資格管閒事了。所以，你要老老實實告訴我，如果她對你不好，我有權質問她。」

書傳愕然的看著他，也收斂了笑容：

「你們想到那裏去了？我們一直很好，我生病是不得已的。我這次生病，一個親人都不在面前，虧得有她，否則就算命撿回來也沒有用了。住院期間，沒有人換班，就只她一個人奔波。回到家裏，因為腿不能走，脾氣特別壞，那段日子，真難為她忍受。所以……。」

書傳突然傷感起來，把頭轉開，隔了一會，才幽幽然的嘆了口氣：

「很多事情，不是別人所能看得出來，所能瞭解的。我能復元得這麼快，全靠她的耐心。我常常想，她嫁給我，難道就是為了照顧我的病？所以，我鼓勵她去摸摸牌，和鄰居聊聊天，她就在這附近，我打電話找她回來……。」

書傳說著站起來想去搖電話，雲甫連忙制止：

「不必了，我們坐坐就走，她那麼好我們也就安心了，不過就是你一個人在家，不太寂寞？」

書傳的心情又開朗起來，坐回椅子上：

「那倒不會，病這一場，我覺得反而比從前充實多了。在醫院裏與病友相處，在菜場裏與菜販接觸，才知道社會上的形形色色，才知道生命的價值，才知道自己的幸福，這些，都不是我們上下班的人所能體驗得到的。所以，我現在更珍惜自己的生命，我發現，做家務事也是一大享受。」

雲甫沒有想到書傳會説這種話，心裏感到很驚訝：

「真沒想到你會有這麼豁達的胸懷，你能這麼想，你就修到了，我真為你感到安慰與驕傲。」

書傳平靜的看看他們，神態坦然而愴涼：

「你們才是真的修到了，兩個人逍逍遙遙，比翼雙飛，誰會有你們這麼快樂幸福的。你們打算在高雄住幾天？無論如何，抽個空，來吃頓便飯，看看我的手藝如何？好吧？」

雲甫看看手錶，站了起來：

「我們的時間差不多了。住幾天還未決定，不過我們一定會再來看你的。我們還沒有見到弟妹！到時候我們再詳細聊聊，同時還要向你討教手藝呢！」

由書傳家出來，夫妻兩人的心情都很沉重。儘管書傳表現得那麼洒脱，還是無法掩飾掉開門時的第一個印象。嵐茵的情緒更是低落得無以復加，往事已如煙如夢，兩家深厚的情誼已變得無處追憶，留下的只是無盡的唏噓！

嵐茵的情緒由低落漸漸的轉為憤慨：

「我不相信他説的都是實話，無論如何做太太的都不應該把他一個人丟在家裏，我敢擔保如果一萍還在，她絕對不會這麼做。他還説不會寂寞，誰會相信？」

雲甫看看太太，她的話也令他感慨：

「有思想的人都會寂寞的，不過他能説出如此曠達的話，他一定是懂得自處的人。只要他的思想行為有丈夫氣概，又何必去耽心他內心的寂寞呢？」

嵐茵已失去了來時的好情緒，不免有點耿耿然：

「還説到南部來輕鬆幾天，不想一下車就碰上這樣的事，看來我們這種年齡的人，還是少出來為妙，省得到處都惹煩惱。」

雲甫雖有同感，卻不贊成太太的看法：

「既然我們已經到了這種年齡，這樣的事情總是無法避免的，何不學學書傳呢？想起來又覺好笑，苦海裏的朋友自己不以為苦，而我們這些被人羨慕的人卻把自己投入苦海裏，何必呢？」

嵐茵默默無語，雲甫輕輕的捉過她的手；在耳邊低語：

「嵐茵，你看剛才書傳多羨慕我們，他說我們逍逍遙遙，比翼雙飛。我們不要辜負朋友的祝福才好。」

嵐茵心裏已漸漸的燃起一片心香，她沒有抽回被握的手，雲甫心裏也明朗起來：

「我們今天是來喝喜酒的，心情一定要愉快，不能薄了這位朋友。你的女婿大概已經在等我們了，不知道他會不會把他們全家都帶來。」

計程車已轉入高雄市區，馬上就可以喝到喜酒了，嵐茵的心裏又開始緊張，她希望她的女兒也會來。

好個秋

趙奶奶昨晚又失眠了，早上起來眼睛酸酸澀澀的很不好受，她把孫兒打發上學後坐下來吃他們剩下的早餐，媳婦也起來了，很不尋常，大概又有事情，果然不出所料：

「媽，我今天有應酬，整天都不在家，這裏三百塊是您這個月的零用，兩百塊您拿去買菜，給蓉蓉帶個蘋果，還要帶瓶果醬，把蓋子帶去，否則又買錯牌子。」

趙奶奶瞥一眼桌上的錢，她想叫媳婦拿回去自己去買，她今天也有事情，可是媳婦已經換好衣服準備要走了：

「我現在先去做頭髮，世平昨晚喝醉了，頭有點痛，讓他多睡一會好了。康康說他牙齒痛，您下午燒點稀飯買點肉鬆給他吃，別忘了買個蘋果。」

趙奶奶滿心不自在，聲音冷冷的：

「蘋果一個要四五十塊哩！」

「再貴也要買給她，省得她吵，等我買回來就太晚了。」

趙奶奶又瞥一眼桌上的錢，聲音壓得更低沉：

「我中午也要出去，下午會遲點回來！……。」

媳婦一隻腳已踏出門，又退了回來，眼睛瞪著她：

「您最近怎麼老是時常都要出去？自己的家都不管了？您出去做什麼？」

趙奶奶知道媳婦會不高興，只好撒個謊搪塞一下：

「教會裏有位老姐妹病了，我們約好去看她，順便……。」

「我不在家您就不要出去了，否則電話也沒人接，孩子們回來看不到人怎麼行！」

不行又怎麼樣？趙奶奶心裏嘀咕著，她最不喜歡媳婦那種不帶徵求的語氣，好像她是一家之主：

「約好了一定要去，怎好變卦，我盡早回來就是了。」

媳婦悻悻然的走了，她的心裏也很不舒服，桌上的錢令她不悅。她委委屈屈的把錢塞到皮包裏。已經這麼多年了，她還是無法習慣媳婦給錢的滋味。於是匆匆的收拾東西，盡量不去多想。偏偏腦筋又不能清靜下來，從前，兒媳的薪水都交給她安排處理，凡事都由她做主，一家人過得快快樂樂。是什麼時候這個權力落到媳婦手裏的？她感到惘然！也不過是這幾年間的事，兒子發達後一切都變了，變得太快，變得她無法適應……。她嘆了口氣，算了，真的不要多想了，買菜要緊，中午黃姐妹家有約會呢！

趙奶奶拿起菜籃走到門口，想起兒子還在睡覺，媳婦說他昨晚又喝醉了，盡管他們這種荒唐的生活很令她失望，她還是有點不放心。於是又折回來到他房門口瞧瞧，看他睡得那麼甜，不覺停下來盯著他出神，這就是那個讀到中學還踢被的兒子麼？那個考大學時晚上和衣而睡的兒子麼？那個未發達前夜夜埋頭寫至深宵的兒子麼？她微微的搖搖頭，現在床上睡著的兒子，睡衣穿得那麼漂亮，已經不是她從前的兒子了，她從前的兒子已經離她很遠，很遠！

她悄悄的拿起菜籃，悵然的離開房間。

由菜場回來，兒子已經鎖上門出去了，家裏冷冷清清的，想到如果自己離開後這個家不是更冷清嗎？孫兒回來誰管呢？她忽然猶豫起來，心中驟然升起一片歉意。我真的該離開嗎？不離開，自己實在太痛苦，她已經委委屈屈的痛苦了好幾年，只因她堅信著一句話——家和萬事興，終歸兒子是發達了，要祖宗積德兒子才能發達的，凡事都忍一忍算了，寧可自己委屈點。事實上，自己又不是一個甘願委屈的人。家是她整個的生命，一向都由她作主的，現在由主動變成被動，這種權力的轉變令她感到痛苦與難堪。這樣下去毫無意義，毫無價值。在無可奈何的情形下，她到教會裏尋求慰藉而認識了黃姐妹，從此，她的思想有了轉變，很多無法解開的結也解開了；牆上的鐘打了十一下。她匆促的拿起皮包和那包要帶去的叉燒，鎖上門出來。

趙奶奶來到黃家，黃姐妹也剛回到家裏，正在淘米煮飯，看見她來，非常熱情的牽她進屋去，接過她遞來的包裹：

「這是什麼？好像吃的東西？」

「我那邊的叉燒做得很道地，我帶點來給您嚐嚐。」

「哎呀！老姐妹，您來吃頓便飯還要自己帶菜來，您這麼客氣，下次不敢請您了！」

「千萬別這麼說，我只是順便買的，我的事情怎麼樣了？」

黃姐妹拉她坐下，輕輕的拍著她的手背，臉上堆滿了笑容：

「都說好了，您先坐一會，我把飯菜弄出來我們邊吃邊談。」

黃姐妹去做飯了，趙奶奶看她動作熟練的操作著，看不出是六十出頭的人。她比自己大兩歲，看起來卻比自己年輕得多。不見得是染了頭髮的關係，精神氣色是裝不出來的，每次看到她都是神采奕奕，頭髮衣服都是整整潔潔的給人一種愉快的感覺。誰也不會相信她是一個孤獨的老太太。

她環顧這間收拾得一塵不染的房間，這是她自己賺來的，是她用勞力賺來的。她能夠自食其力，相信自己一定也辦得到……。趙奶奶想得出神，黃姐妹已擺好了飯菜：

「您大概已經餓了，我們來吃飯吧！」

趙奶奶有心事，根本不會餓，黃姐妹很快的已經吃完一碗了。她看趙奶奶的飯碗還未動，不覺笑了起來。

「您不把這碗飯吃完我不把事情告訴您。」

趙奶奶尷尬的笑笑、瞥她一眼，勉強的吃著：

「這家人夫妻都上班，主要就是帶孩子，家務倒是其次，您會帶孩子吧？才幾個月大呢！」

趙奶奶苦笑笑，點點頭：

「我家三個孫子都是我一手包辦的，內行得很呢！」

「那就好，他們就是耽心不知道你願不願意帶孩子。」

「您認識這家人？」

「我從前幫過他們，很熟了，所以他們才來找我，因為他們的孩子現在是早上送去給別人帶，晚上要抱回來，很不方便，那天他們來找我，就是希望我能幫他們帶的，我推薦了您，他們好高興，希望能和您見見面……。」

趙奶奶忽然想起什麼來，神情有點緊張：

「您沒有告訴他們我的情形吧？」

「沒有，我只說是我的一位老朋友，孩子都大了，太清閒，想找點事做做，好打發時間。」

「他們會不會嫌我太老呢？」

「不會的，您如果太老了，我不是更老嗎？您還記得那位瘦瘦的個子搬到木柵去的陳姐妹吧？您猜她多大了？少說比您大十歲。她現在還是幫人當管家，去年她搬家就不想再做了，她東家一直挽留她，還加她薪水，誰嫌她老呢？」

趙奶奶想起那位陳姐妹來了，感到很驚訝：

「她怎麼要給人家當管家呢？聽說她的環境很好，孫子都拿博士了，怎麼會……？」

「您的環境不好嗎？兒子還有小轎車呢！我想這就是各人對事情的看法了。環境好的不一定是幸福，幫人家的也不一定是坎坷，各人有各人的需要。找適宜自己的生活就好。」

黃姐妹幾句話解開了趙奶奶的結，她沒有想到這位也是幫傭，生活孤獨的老姐妹，會有這麼豁達的見解：

「您認為我出來做事應該嗎？」

黃姐妹的神態帶著傲然與自信，她瞭解她的家庭狀況：

「我認為應該，親戚也好，朋友也好，到了相處沒有快樂的時候就該分開來，他們不尊敬您，您再忍讓也沒有用，不要以為幫傭低微，一樣會得到別人的尊重，重要的是您自己的心理作用；您如果覺得是一種無奈，一樣得不到快樂。如果您想到自己年紀那麼大了一個月還可以賺幾千塊錢，您就會有一種自慰自傲的感覺，快樂與否完全是存乎一念之間。」

趙奶奶默默的聽著黃姐妹的分析，不住的點頭，心情雖然開朗了，還是抹不去塵封多年的感慨！她嘆了口氣：

「各人的境況不同是真的，很多問題在未發生前根本無法預料。我沒有想到兒子賺的錢自己竟然無權過問，真是不可思議，不可思議。」

「難道您出來做事完全只是為了錢麼？」

趙奶奶戚然的笑笑，她知道黃姐妹並不完全瞭解她：

「可以這麼說，是的。」

「看起來您沒有用錢的地方，難道您兒子在用錢上傷過您的心麼？」

趙奶奶跌入沉思中，隔了很久才幽幽的嘆了口氣：

「我唯一的外甥來向我借錢，我卻沒有錢給他，因為我把所有的積蓄和首飾在一次兒子的急用中給他了。這個外甥和我兒子同年，是我在臺灣除兒子外僅有的親人了，他一向自重，不是急用不會開口的，我知道兒子有錢，兩千塊不成問題，我到他房裏和他商量，給他一口回絕了。『……我是說如果是您自己要用，兩萬塊我都有，借給別人？算了，您省點吧！

給他五百塊都多了……。』當我拿了五百塊回到客廳的時候，外甥已經走了，可能他聽到我和兒子的說話了，您說，我能不傷心嗎？」

黃姐妹未想到她會那麼激動難過，她看她的手抖動不已：

「過去的事不要想它了，可能他正好有所不便也不一定。」

趙奶奶看見黃姐妹著急的表情，淒然的笑了起來：「您不必安慰我，我什麼都看透了，我現在只想賺多點錢，找到我的外甥，讓他知道我的苦衷，我就死也瞑目了。」

「上帝保佑您，您的願望一定達得到的，洪太太說每月付您四千塊，您認為可以嗎？」

「還沒有做怎麼敢談錢呢？四千塊太多了，我只怕……。」

「普通都是這個價錢，不過，我現在做半天還比您多呢！我半天可做三家，幫他們清潔整理房間，每家做個把鐘頭，兩家人口少的一千五，一家人較多的兩千五。一共就是五千五。您不知道當初我買這間房子的時候下午晚上都做，最高紀錄做七家，一個月一萬多塊的收入，累是累了一點，房子卻買下來了。」

趙奶奶不勝羨慕欽佩的看看黃姐妹，又掃了房間一眼：

「其實像您這樣做很不錯。時間工作都可以自己控制。不受約束，真好。」

「好是好，不是每個人都能吃這種苦的，同一棟大樓跑上跑下就不簡單，也要趕時間，回到家裏腰痠背痛的滋味可不好受，現在就輕鬆了。我如果不想做，樓下租出去的房租也夠我生活了。」

趙奶奶就是希望這種不必仰仗別人可以自己完全作主的生活，不由得讚嘆起來：

「我的確佩服您的勇氣和您的人生觀，給了我很多的啓示，我以後一定要學習您這種精神和幹勁。」

「我相信您做得到，因為您的身體很好。這點最重要。」

「這真要感謝上帝，我的身體一向很好，小病我不在乎，大病沒有生過，就是這點福氣。」

「這點福氣就夠人羨慕的，您看李姐妹，福氣是不錯了，兒女都那麼孝順，老伴也體貼，就是整天病，最近又開一次刀。療養院出出進進的，有錢有福享得也辛苦。」

趙奶奶不斷的搖頭，愴然的苦笑笑，心中感慨更多：

「人的造化各有不同，看來我倒是天生的勞碌命了。」

黃姐妹怕趙奶奶的情緒又低落下去，忙轉開話題：

「您這份工作很輕鬆，主要是帶孩子，我猜不會辛苦的。」

「我不是怕辛苦，我在家裏也是一天忙到晚的，我只是耽心……他們該知道我有多老吧？」

「我說過您不必耽心的，您知道現在的女孩子都不願做家務，沒有耐心也沒有經驗，多數都做不長久，只有年紀大的樣樣條件都好，可是上了年紀的人多數都生活過得不錯，不是在家裏享兒孫福就是享受自己的成就，很少需要出來賺錢的，所以，我們還是奇貨可居，不愁找不到工作。」

黃姐妹一番開導的話，句句實在，不想又惹得趙奶奶傷感起來，她今天的情緒很不安定，一種新的改變總會令人心神不安，何況是她的心理上早就負創過多，黃姐妹無心的話刺中了她的痛處，終歸是老了還要出來幫傭，心情開朗得起來麼？她為了不想讓這位以同道為朋的朋友分擔自己的心緒，故意裝得開朗起來：

「想不到老了還會吃香，還能賺錢，看來我是老運亨通了。他們說要見我，我們什麼時候去呢？」

「他們六點才能回來！我已經跟他們說好六點去。」

趙奶奶想起家裏沒有人，她說過會早點回去的，六點正是家裏開飯的時間，怎麼能走開呢？

「六點不行，媳婦不在家，我要弄飯給孫兒吃。」

黃姐妹看她對家那麼放不下，很為她耽憂：

「那麼就晚一點好了，我等會去打個電話，八點可以嗎？」

「應該是可以的，他們會自己做功課，不過一天出來兩趟也不太好，孫子追問起來怎麼說？」

「那怎麼辦呢？您這麼放不下，怎麼能出來做事呢？我看您還是要再考慮，否則答應了人家還是會有麻煩的。」

趙奶奶怕黃姐妹誤會她不乾脆、婆婆媽媽，連忙解釋：「您放心，我絕對不會放不下的，現在事情還沒有說定，我也沒有向兒媳交代好，所以才不放心。等事情說定了我會把問題處置好的。」

「現在也等於說定了，他們是希望您今天答應了明天一早即可以過去，他們就不必把孩子抱過去了。」

「那麼快？明天就可以去上工了嗎？」

「他們是這樣希望，所以您如果決定好一定做，今晚不去也沒有關係，我保證這對夫婦都非常好，您會習慣的，我會打個電話和他們聯絡，或者我今晚自己跑一趟，告訴他們您明天就去上工，今晚您就不用出來了，明早七點以前我在家等您，我陪您去，不過您一定要來，怎麼樣？」

「好是好？只是……。」

「有問題嗎？」

「問題是沒有，只是，我怎麼跟兒媳說呢？」

「您打算告訴他們嗎？」

「不告訴。」

「可是遲早他們一定會知道的。」

「那是以後的問題。」

「我覺得與其找藉口隱瞞，不如坦白的告訴他們，這樣您做起來也心安理得，不必天天為隱瞞而煩心。」

「絕對不可以的，一說出來我就不能做了。兒子再不好也不會讓母親去幫傭的，這點我倒可以有自信。」

「將來他們知道了還是有煩惱的。」

「那不同，如果他們現在知道，我絕對做不成，將來知道了，反正一切都成事實，他們又能如何？」

兩人沉默了一會，趙奶奶看看錶，想回去了。

「我今晚還是和您走一趟，先瞭解一下比較好，我現在就回去弄飯，既然已經約好了時間就不要更改了，我把他們安頓好就來，一切見面再商量。」

黃姐妹看她忽然下了決心，很高興：

「這是最好不過了，您如果真能下定決心，認為這件事最重要。那麼，其他的一切都不會妨礙您，阻撓您的。您以後也不會再有問題了。」

趙奶奶不住的點頭。告辭出來，回家的路上，趙奶奶的心情出奇的平靜。她沒有想到今晚的約會，沒有想家裏的孫兒，也沒有想該怎麼和兒媳交代，因為黃姐妹曾告訴她，任何困難的問題只要有信心都會解決的，想不通的時候就不要想它，到時再說，自然會解決的。

她穿過植物園去搭車，太陽已經偏西，射出來的陽光一點都不炙人。是深秋了，這是她最喜歡的季節，看著花花綠綠來來往往的遊人，大家都顯得悠悠閒閒，她的心境也隨著輕鬆起來，不由得讚嘆著，好個涼爽的秋天啊！

雁南飛

俞子淳在房裏穿衣服，他決定到同鄉會裏轉一趟，心裏是有點不大自在，朋友明明說好開車來一起去的，現在卻無下文了，真是世態炎涼，人情勢利。想我俞某未退休前，什麼事都有人找上門來，有時候不想做不想參加的事情想推都推不掉，現在呢？自己不去打聽就什麼事都不知道了。就像今天，如果現在自己不去也沒有人會知道的。就因為這樣他才不甘心，他本來已經答應太太如果他們不來接就不去了，想想還是決定去一趟，他要讓朋友們知道他一樣有辦法，一樣活得神神氣氣……。他對著鏡子裝扮了很久，昨天剛染的頭髮，一點痕跡都看不出來。拿起電鬍刀來看看，又把它放下，還是刀片刮得乾淨，兒子買給他的生日禮物他無福消受，還是還給他用好了。領帶打了幾次才滿意，應酬少了，連手指頭都生硬起來。西裝已燙得筆挺，皮鞋擦得雪亮，連煙斗都通得乾乾淨淨，新開罐的煙絲，煙味特別濃，濃重的煙味一定也很吸引人。今天的同鄉會裏冠蓋雲集，他要修飾得容光煥發，給人一個好印象。他最看不慣對門陳公退休後那個邋遢勁，生活變得隨隨便便，每次見到他都是穿著那套睡衣，到處走來走去，一付散漫落魄的窩囊相……當他穿著整齊，戴上眼鏡，咬著煙斗站在鏡前左右端詳的時候，太太買菜回來了，一進門就嚷了起來：

「子淳，我今天買到白花芥蘭菜，又粗又壯，好漂亮，中午我炒一大盆芥蘭牛肉給你吃。」

客廳裏沒有反應，俞太太轉入臥房，看見先生已經穿好衣服準備走了，很愕然：

「你不是説不來接就不去的麼？怎麼又變卦了？」

俞子淳向太太神秘的笑笑，還在她面前擺了個架勢，一臉傲然的神態：

「不去不好意思，他們已經打電話來催了，如果沒有特別事故我會很快就回來，老齊也打電話來，我答應下午去陪他。」

俞太太看著先生昂然的出去，心裏很不是滋味，她知道他近來的心情很不正常，同鄉會很多事情他都看不順眼，現在的同鄉會人多議眾，意見很難協調，他的個性一向固執，所以；唉！為什麼不灑脫點，退了休就什麼都不要管最好。在家裏享享清福，寫字養花，學學人家蔡老的修身養性該有多好！管他們什麼理事監事的，還不是虛有其名，頂多印名片的時候多個頭銜而已。她也知道他絕對不是為爭名，而是想爭口氣，這就更加不必，做了幾十年的官，什麼場面不曾見過，這些芝麻綠豆小事又何必去計較？她長長的嘆了口氣，一個小小的團體都意見紛紜，難怪社會問題那麼多了。她瞭解丈夫的脾氣，永遠是身閒心不閒的人，她曾勸他不要去；心裏不爽快最好不要去湊熱鬧，那樣只有自尋煩惱。知夫莫若妻，牛脾氣是無法改變的，只好任由他去了。

已經十二點了，俞子淳還沒有回來，桌上的飯菜已經擺好，他最愛吃的芥蘭牛肉還沒有上桌，就等著他回來才炒菜吃飯。俞太太無所事事的坐在客廳裏，開始不斷的看牆上的掛鐘，十分、廿分、卅分……。時間嘀嗒嘀嗒的過去了，俞太太的心情也跟著嘀嗒嘀嗒的轉個不停。電視機的畫面無法吸引她，她正全神貫注在電話機上。如果他不回來吃飯，會打個電話回來的，那怕是遲幾分鐘他也會先打個電話來讓她先安心。他一向守時，回來吃飯一定在十二點以前，該不會有什麼事情吧？自從去年他給車撞了一下她就變得有點神經兮兮，加上他最近的心思也有點異於往常，這才讓俞太太憂心忡忡。

俞子淳神采奕奕的來到同鄉會，一到門口就看到熟人，見到熟人心就開始忙碌起來，打招呼、寒喧、交換名片，互相拍拍肩膀，哈哈大笑一番。佩著襟花的華僑，個個眉開眼笑，喜氣洋洋。鄉音繞繞，令人有回到故鄉的感覺。可惜大多數的鄉音已經荒腔走調了，特別是廣東話最繁難，客家話和白話的語音迥然不同，再加上四邑話臺山話……。幾乎自己廣東同鄉都無法交談。加上這幾十年大家出門在外，用國語的機會多了，因此，同鄉交談中，經常會有令人捧腹的語調，笑話百出，內行人一下就聽出來了。難怪俞子淳抿著嘴，忍俊不已。他的客家話和白話都說得非常道地，幾乎一點都未走調。所以今天他就顯得非常自豪的四處與人打招呼。由朋友的談話的神態中，知道自己依然是相當受人敬重，仍然受人歡迎，心中也就稍覺安慰。他和朋友談得津津有味，忘了來參加的目的？以及今天的會場佈置得如何？來了些什麼貴賓？會中有些什麼決議，會後有些什麼活動？他都沒有去留意了。

忽然，他聽到一個很熟識的聲音由身邊擦過，人太多，一下就被擋住了，聲音太熟識，記不起是誰了？俞子淳好奇的擠上前去，眼睛一下亮了起來，近乎失態的把聲音提高了幾倍，驚叫起來：

「健平？」

方健平是俞子淳的姻表親，在南洋住了二十年，卻不敢承認自己是僑胞。這次回國來除了參加十月慶典外，還想藉機了一件自己的心願。他剛剛來到會場，正和幾個朋友邊走邊談，聽見有人叫他，猛一回身，也怔住了，驚愕得久久說不出話來。他木然的伸出手，僵硬的握著子淳。俞子淳以為他已經忘記他了，不覺把手握得更緊，眼光質問的瞪著他：

「我是俞子淳，難道你忘記了麼？」

方健平的情緒已平靜下來，他把另一隻手也蓋了上去，熱烈的搖擺著，滿臉驚喜之情，逼視著他：

「我知道你是子淳，不過，你是怎麼啦！這麼多年不見，你依然瀟灑如舊，一點都未變老，如果不是你先叫我，我還真不敢認你呢！」

俞子淳抽回被握的手，面有得意之色，把煙斗咬在嘴裏，扶扶眼鏡，挺挺西裝，健平不勝讚嘆的看著他：

「你躲到那裏去了？害我到處去找你。現在看到你太好了，真是緣份，也是奇蹟，真想不到，真想不到。文雁呢？」

「她在家裏，你說到處找我，是怎麼一回事？你到那裏找我？」

「我的信你收到了嗎？怎麼不覆？」

「信？什麼信？大概你還是寄到舊址去了，是吧？」

「你搬家了？」

「搬了幾年了。」

「為什麼不告訴我？連川生都不告訴他一聲，神秘什麼？」

「川生應該知道的，我搬家曾印了新地址的明信片寄給大家的，他怎麼說不知道呢？」

「川生他們也搬家了，唉！事情就是這麼不湊巧。先不談這些了，我有事要找你商量，這裏人多，不便深談，我們找個茶樓坐坐，你在這裏等我一下，我去關照一聲馬上就來。」

幾分鐘後方健平匆匆的把俞子淳拉上計程車！

「你回來幾天了？」

「昨天才到。」

「住在那裏？」

「教師會館。」

「這次打算住幾天？」

「那就要看你和文雁幫忙的情形而定了。」

「……？」

「……。」

到了茶樓，全部滿座，他們站了一會才等到座位，女招待過來問他們喝什麼茶？健平不假思索，衝口而出『普洱』（粵語「抱你」同音）。子淳望著他笑了起來，時光剎那間倒流到三四十年前的情景——他們幾個年輕人去飲茶的時候，總喜歡開這個玩笑，當女招待問他們要飲什麼茶的時候，大家都搶著說一句『抱你』（普洱），女招待必定會回瞪一眼，有些還會小聲的回罵一句。於是大家都滿意的笑了起來。臺灣的女招待不懂這個玩笑，只見她們木然的走開了。俞子淳回味著往事，微笑的看著他：

「你真是本性難移，幾十歲了還這麼好興緻。」

健平也瞥他一眼，帶點黯然的笑了起來：

「你的記性也真不錯，可惜我們那段時光太短暫，以後的幾十年，都是在顛沛流離中過去，再也難回到那種心境了。」

俞子淳聽他說話的語音帶點蒼涼，不免也有點感慨。健平夾了一粒燒賣放到嘴裏慢慢的嚼著。子淳也夾起一粒蝦餃，看了一會，覺得比上次來飲茶時又小了一點，不覺微微的搖搖頭：

「現在飲茶已經變了質，看看這些茶和點心就知道了。但新茶樓卻如雨後春筍，飲茶人也如過江之鯽，你看那些食客，在這裏沒有人會計較錢似的，有點莫名其妙。」

「但看飲茶就是一片昇平景象，唉！你們真享福。」

「能夠經常來飲茶的人終歸是少數，大部份人還是享受不起這種奢侈的。」

「昨天鵬飛來接我，晚上我在他家吃飯，他現在就很享福，一早起來走個把鐘頭去運動，然後就去飲茶，早餐午飯合併辦理。天天如此，怎麼說是奢侈呢？」

「所以說，能享福的是我們這種人，有退休俸好領，兒女都大了，也有錢孝敬，不天天去飲茶做什麼？」

健平忽然低頭不語，不知在想什麼？子淳抬眼看看他，比上次回來又蒼老多了，灰白的頭髮梳向後腦，沒有用髮蠟看起來就像一堆枯草，臉上的壽斑更多了。十足一付老人模樣。如果自己也像他那樣不修邊幅，還不是這個模樣麼？剛才在車上他說想回來定居，他十分贊成，他一向同情他的遭遇，就怕難如他的心願：

「你要文雁去一趟屏東我看是不成問題，她的心軟，只要多說幾句好話就行了，我只怕素芳固執到底，你就枉費心機了。」

健平神態落寞的嘆口氣：

「這也是意料中的事，這麼多年了，我已經不敢再奢望和她復合，可是我回來的事一定要得到她的諒解，所以才……我已和川生商量過，先在他們附近買一棟房子……我那大孫子今年都上大學了，我們還有幾年光景好過的？我是想趁現在身體還健康，先把事情安排好，免得到時候措手不及，還要川兒去為我收骨，豈不更累家人！」

俞子淳一向不服老，也不喜歡聽別人說喪氣的話，他看健平那麼消沉，很不以為然：

「你想回來享福可以，何必說得那麼難聽，人生七十才開始，我們還早得很呢！當初我就不贊成你走的，再說，你應該早幾年就回來，為什麼要等到現在？」

健平心裏一陣惘然，連最知己的朋友都難瞭解自己的心境，人生真是太孤寞了：

「當初遠走多少有點賭氣，到了那邊，沒想到那位校長那麼器重我，所以就拖了下來。再說，回來也不見得找得到工作，像我這種情形，沒有工作是很難打發日子的。」

「你那邊的工作辭了麼？」

「還沒有，那倒沒有關係，校長知道我無法把家接去，也希望我能和家人團聚。所以，如果文雁答應走一趟，我們見面也不會那麼尷尬，我以前回來幾趟她都不願見我，唉！但願這次不看僧面看佛面，只要她能諒解我，我就滿足了。」

俞子淳未料到他對素芳還那麼深情，真是不可思議，這麼多年了，就是判刑也早已服完，素芳還用這種態度對他，太不應該，健平也未免太過癡情，值得麼？唉！夫妻間的恩恩怨怨，難說：

「川生呢？他們有來接你嗎？」

「國定假日他是走不開的，當主管就是這樣，我叫他們通通都不要來，這幾天我們都有活動應酬，我們十三號南下參觀的時候就可以見面了。你和文雁那一天來，我叫川生去接你們。」

「我也有好久沒有看到川生了，他最近的情形如何？」

「他很不錯，一個軍人能把家弄得這麼好不容易，他已經升到上校了，前年貸款買了一棟房子，媳婦還在教書，孩子們個個成績都很好，說來也奇怪，素芳那麼壞的脾氣，卻能和媳婦合得來，真是不可思議。怎麼唯獨對我……。」

俞子淳看他一臉無奈的表情，不覺嘆息起來：

「正是許多煩惱，只為當時，一餉留情哪！」

健平蒼涼的望望他，微搖著頭，不再說話了。子淳覺得不該再開他玩笑的，有點後悔，忙轉開話題：

「你剛才說『你們』，難道我也要去麼？」

「當然了，你說話比較圓滑、口才也好，這件事，務必幫忙，一切都仰仗你夫婦了。」

子淳笑了起來，他知道健平的挖苦是回敬剛才自己的取笑：

「這要和文雁商量才能決定，我看你自己跟她說比較好。」

「當然當然，今晚無論如何我都要去看她的。」

「……。」

「……。」

俞子淳由茶樓出來，看看手錶，心裏一陣著急，時間怎麼過得那麼快？他焦急的走了一大段路才攔到計程車，氣咻咻的回到家裏，開門處，俞太太劈頭就埋怨：

「怎麼現在才回來，幾點啦？把人急死了。」

俞子淳沒有睡午覺，顯得有點疲倦，不過心情卻很愉快、很興奮，一邊脫衣服一邊看看桌上的菜：

「怎麼？你還沒有吃飯呀？」

俞太太接過他的衣服，瞥他一眼，心裏的石頭放了下來：

「等你呀！你不回來誰敢吃飯。」

俞子淳滿臉堆笑的把太太推到飯桌前按她坐下，還替她盛了碗飯，然後才在她對面坐下來：

「你趕快吃吧！我已經吃過了，我今天到同鄉會有了意外的收穫。我有好消息本想馬上打電話告訴你，卻找不到打電話的地方，到處都是人潮。我剛要回來的時候，公車擠不上，計程車攔不到，我才急死呢！我就是怕你會瞎操心，所以我才……。」

俞太太正對著先生給她盛的飯太滿而皺眉頭，聽見有好消息，眉毛忽然揚了起來：

「什麼好消息？快說。」

俞子淳看她那麼緊張，反正午覺也不想睡了，他站起來去拿他的煙斗，故意賣個關子，逗逗她：

「你猜我今天遇到誰？」

俞太太最討厭他說話溫溫的樣子：

「我怎麼知道你遇到誰？奇怪了。」

俞子淳繼續吊她胃口：

「你絕對猜不到的，我敢保證。」

「誰？」

俞子淳知道太太已經不耐煩了，不能再逗她。於是故作神秘狀：

「健平。」

「健平？是到南洋去了的健平？」

子淳低頭裝煙絲，還是一付慢條斯理的神態：

「不是他還有誰，你說巧不巧，同鄉會裏熙熙攘攘，誠心想找人還不容易找得到，想不到我們居然擦肩而過的碰上了，還是我先聽出他的聲音來的。」

俞太太放下筷子，眼前出現一個很熟稔的面孔：

「是他？他又回來了？他回來為什麼不告訴我們一聲？難道他不想見我們麼？」

俞子淳知道太太有成見，但是現在她卻誤會了：

「他說已經寫信告訴我們他會在十月回國參加慶典，問我為什麼不覆信，他還怪我們不該搬了家也不告訴他。這是我們不對，我是糊塗了，竟然忘記國外還有親友，他見到我好興奮，說是這次回來有很重要的事情要跟你商量。」

乍一聽，俞太太的心頭一陣悸動，緊張的問：

「是什麼事情要跟我商量？」

俞子淳看太太那麼緊張，這就比較好辦：

「人太多，不方便問，不過不問也可以想像得到是什麼事情了，看他心事重重，他說要當面跟你商量。」

俞太太滿腹狐疑的皺起眉頭：

「他找我會有什麼事情呢？是為了素芳麼？他們之間早已經情斷義絕，緣份已了，還會有什麼好商量的。」

俞子淳看太太成見那麼深，很感慨，不覺嘆了口氣：

「事情很難說，這次看到他是真的老了，唉！歲月不饒人哪。」

俞太太也感慨起來，想起素芳的委屈，心裏又升起一股莫名的怨氣，很為她不平，一時牢騷滿腹：

「他在國外享福，素芳已經認命了，甘願過著在家出家的生活，他還回來做什麼？回來炫耀他的成就他的得意麼？」

俞子淳一向同情健平，倒不是因為他是自己的媒人，也不是因為是自己的同學，他總覺得這種無可奈何造成的錯誤沒有什麼不得了的，如果事情不是發生在他和素芳身上，根本不會那麼嚴重，素芳的認真是有點過份了。健平的長居國外有家歸不得也可以說是她一手造成的，到今天健平仍然對素芳存著那份思慕之情，這種贖罪之心未免太苦。他瞟太太一眼，她本來也是很同情健平的，當初還幫他勸解過。後來勸解不成，健平遠走南洋，事情弄僵了，她就同情起素芳來……。他又瞟太太一眼，女人，真是沒有定見的女人。

「何必那麼武斷，你未弄清楚怎麼就說他回來炫耀呢？我敢保證他不是絕情的人，他說有事找你一定是和素芳有關。」

俞太太更加疑惑的瞪著他：

「如果他們之間真還有什麼問題，為什麼素芳不來找我？最低限度川生也會來找我的，連他回來我們都不知道，他突然的回來了，難道……」

俞太太忽然全身一震，緊張起來：

「難道素芳她……她已經走了……？怎麼我們一點都……？」

俞子淳看她驚惶的樣子很想笑，又不敢笑出來：

「我看你真是神經過敏，想到那裏去了，唉！告訴你吧！」

俞太太僵硬著頸子，連眼睛都不眨一下的瞪著他：

「快說，為什麼？」

「想回來定居，川生已經為他安排好了，他不敢貿然的去見素芳，希望你能陪他去一趟，因為只有你才能和素芳説話，他還是希望能得到她的諒解，他還希望……。」

俞太太鬆了口氣，長長的哦了一聲，她沒有把他的話聽下去，眼前出現素芳那雙冷峻淒苦的眼神，心裏不覺有點凜凜然，素芳傷心是應該的，來臺灣的時候太匆促，她和健平走散了，她帶著孩子來到臺灣，那幾年，吃足了苦頭，一心盼望著和健平團聚。健平呢！以為她母子沒有出來，在香港等了幾年，後來打聽到她母子早已到了臺灣，於是匆匆趕來重聚。當素芳知道他在香港那段時期與人同居過，傷心欲絕，從此斷了夫妻的情份。健平無奈，香港也不回去了，遠走南洋。她和子淳為了他們夫妻也用盡心機，依然無法挽回。這種事，的確是無法忍讓的……。她抬頭看看子淳，看他咬著煙斗在沉思，不知道他在想什麼？如果子淳也發生這種事，自己是否能夠忍讓呢？不能，絕對不能，她心中忽然憤恨起來。子淳看她不説話：

「怎麼樣？你是不是願意……。」

「我不願意，他們已經是死灰難燃了，他有本事回來，就應該自己去解決，我才不管他們的閒事呢！」

俞子淳就知道太太不會那麼容易答應，只有跟她磨菇到底，她是個心慈面軟的人，遲早會答應的，他感覺背脊有點酸，於是站起來走到沙發上躺下，打了個呵欠：

「人生幾十年，轉眼都成了過眼雲煙，這樣的老朋友已經越來越少，何況又是你的親戚。再說勸人和好也是積德之事，你何不行行好？現在是別人求你呢？」

俞太太也走到他面前坐下，奇怪的望著他：

「你是怎麼了？儘代別人說好話？他有事求我為什麼他自己不來說，要你那麼操心？」

「誰說他不來呢！他是因為時間不夠，下午三點鐘他要到中泰賓館參加僑委會舉行的歡迎茶會，晚上還有什麼應酬。我把電話地址給他了，他今晚一定會來看你這個表妹的，放心好了。」

俞太太輕輕的哼了一聲，態度變得漠然起來：

「我有什麼不放心的？一切都已成過去，我早已把他們的事忘了，見面也不過是個普通朋友罷了，還扯什麼親戚關係，我才沒那麼好精神攀他這個親戚呢！」

俞子淳看她又動肝火，心裏暗自好笑，人還沒有見面就先沉不住氣，平時教訓我的時候都是大篇道理，到了自己面對問題的時候依然是那麼激動，依然是固執著自己的成見，他不願她的思想鑽進牛角尖，所以，不得不提醒她：「別人的事犯不上動肝火，不過，話說回來，你那位表姐我還真不敢恭維。我倒是很同情健平，時局動亂造成的憾事是應該可以原諒的，偏偏她的脾氣那麼倔強古怪，才造成這種難以彌補的彌天恨事……。」

俞太太本來沒有真心生氣，先生的幾句話令她氣憤起來。素芳有恩於她，不是素芳她不會嫁給子淳。婚前，她曾在素芳家裏住過一段時期，就是這點私衷造成了她的成見，無論如何她都同情素芳。再說，這件事明明是健平的錯，害得她到現在還過著淒清寂寞的日子，他怎麼能再批評她呢？

「你是說今天的局面完全是素芳一手造成的？」

俞子淳知道又說溜了嘴，有點後悔，不過也無須這麼兇巴巴的衝著他吼。他坐了起來，盤起兩腳，用手捏著腳指，想了幾秒鐘才小聲的把頭伸前去對著她眨眨眼睛：

「你這麼兇神惡煞的做什麼？難道我說的話錯啦？是誰造成這個局面還有什麼關係？難道我們要為別人的事先吵一架不成？你如果不高興，我等會打個電話叫他不要來算些意氣的話，我今天是怎麼啦？怎麼會那麼糊塗？大概是剛才等他吃飯等火了。她看見先生在捏腳丫，不時的嗅嗅手指頭，她最討厭先生這種動作，不覺皺起眉頭，今天懶得糾正他了。她站起來去收拾碗筷：

「誰有功夫跟你吵架，我只怪你不該凡事都站在你們男人立場說話，這樣豈不是有失公平？」

俞子淳忽然呵呵一笑：

「難道你就不是站在你們女人立場説話麼？亂世的時候這種事到處都有，説出來都不是新聞了，你還大驚小怪。」

俞太太已經走了兩步，又折回來，疑惑的瞪著他：

「聽你口氣，你好像蠻內行似的，難道你也……？」

俞子淳又是哈哈大笑：

「你們女人真是莫名其妙，説別人的事為什麼一定要扯到自己頭上來呢？連我這種聖人都有問題，我看世界上沒有一個清白的男人了。」

「你別嘻皮笑臉的胡扯，誰敢保證你一定清白？」

俞子淳抬頭看看她，一張善良寬厚的臉孔鑲在一頭花白的頭髮下，看來真是可愛。她永遠都不會令人難堪的，想到健平的不幸，心裏升起一股溫暖的滿足。俞太太看他不再説話，只對著她笑，心裏也覺萬分安慰。比起素芳來，自己真是幸福了。健平能回來最好，夫妻終歸是夫妻，那能一走了之。葉落歸根，回來是應該的。如果見到素芳，一定要好好的勸勸她……。于太太收拾著桌子，俞子淳走到她身旁，伸了個懶腰：

「我還是去睡一下好了，今晚可能會剪燭夜談呢！有朋自遠方來，你想想看弄些什麼給我們消夜？健平會飲兩杯的，他剛才還問我有沒有金門高粱。我也很久沒有夜飲了，別人是借花獻佛，我們就來個借佛獻花如何？」

俞太太忍不住笑了起來：

「好個借佛獻花，告訴你不懂成語就不要亂用成語，你這麼亂改亂用，通不通呢？讓人笑掉大牙了。」

「管它通不通，只要你懂我的意思就行了。怎麼樣？南下之行如果決定了，還得馬上去買票，最近回國僑團紛紛南下參觀訪問，到處人山人海，我們是真的湊熱鬧了。想想我們多久沒有到南部去玩了，這次可以說是因公濟私，全部費用我負擔，可以了吧？」

「你負擔還不是用我的錢，好慷慨。等會再說吧！看看今晚見了健平再決定不遲。」

俞子淳面有得意之色，不費吹灰之力就說服了她。於是滿心快樂的去睡覺了，如雷的鼾聲很快的傳了出來。俞太太收拾完畢，拿了報紙也到房裏休息。她有午睡的習慣，不睡會頭痛的。今天，她躺在床上，怎麼都靜不下來，太多的回憶，太多的感慨。思潮像海潮一樣的向她的心頭衝擊，想到素芳健平一生的幸福就這麼過去了，真可惜。現在大家都垂垂老矣，以後走的都是蹣跚的路，什麼恩恩怨怨都該結束了。她自己一生沒有怨恨過，不知怨恨的滋味如何？孩子不聽話罵幾句有的，和老伴嘔氣半天不睬他有的，但像素芳這樣一怒二十年，真是不敢想像。看來健平也有值得同情的地方，二十年來的心思也夠苦了。但願他這次南下有圓滿的收穫，她一定要為他們盡力……。

忽然想起那碟未炒的芥蘭還擱在廚房架上，於是匆匆起來跑進廚房，用塑膠袋把它裝好放到冰箱裏，今天晚上就弄給他們消夜好了。

結緣

俗語說：同船共渡三生緣。緣生則聚，可見人與人之間的相聚，是需要靠緣份的。我常常想，走到街上，擦身而過的人那麼多，自己能認識的又有幾位呢？

去年二月八號，我要在左營的家裏請一位貴賓——紀政小姐。以前，也曾約請過她，臨時她有事取消了。我知道不是她架子大請不到，實在是她的確太忙，各方需要她指導的太多，經常是來去匆匆，她的確是身不由己。

這次，她來南部主持跳部講習，於是，緣份又來了。

訓練營的齊劍洪主任對我說：請紀政吃飯，越簡單越好，她喜歡吃稀飯，只要弄些醬菜、皮蛋、花生米之類的小菜就好。不必做很多菜的……。

我猜想大概是她太客氣，怕麻煩別人，所以才這麼說的。運動員那有吃稀飯小菜之理，營養不夠如何運動？所以我雖然答應了，卻還是花了一番心機弄得像樣些、精緻些，別讓其他的朋友看了笑話。

紀政在國外十幾年了，先生又是外國人，我猜想她的生活飲食一定洋化了。於是，我做了沙拉、做了牛排，當然還有自以為拿手的菜肴。一個上午，我都心情愉快的一邊欣賞唱片，一邊忙碌的安排晚餐。

中午時分，外子匆匆回來，告訴我一個很不好的消息：

「……紀政早上訓練跑步的時候受了傷，已經送到海軍總醫院，晚上恐怕不能來了……。」

乍一聽，不大相信：

「怎麼那麼巧？難道又是……？你親眼看見她被送到醫院去的嗎？」

外子睜著一雙大圓眼：

「我們送她去的，難道你會懷疑……。」

我有點悵然若失，覺得一番心機又枉費了。

「那麼，請客取消了？」

他大概看出我的神態有點不耐，連忙解釋：

「不會，現在紀政的傷勢還不太清楚，我們現在再去看看，萬一不能來，還有其他的客人，今天訓練營裏冠蓋雲集，會有朋友來欣賞你的菜的……。」

他以為已經交代清楚，又匆匆的走了。我心中悒悒，但還是繼續提起精神來安排晚餐。只要有客人，就不能失禮，這是他立下的規矩。

下午，他又回來了：

「紀政傷得不輕，縫了幾針決定不能來了，準備些稀飯送去給她吃好了……。」

聲音剛落，人又不見了。

下午六時左右，齊主任親自開車來拿稀飯送去給紀政吃，我對他說：

「紀政不幸受傷，我心裏也很難過，我想去看看她，她今天不能來做我的客人，我應該和你們一塊去慰問她，看看有什麼需要效勞的。」

於是，我們到了海軍總醫院的將官病房裏，看到了紀政小姐。她靠在床上，氣色還不錯。房間裏還有一位陪伴她的三鐵皇后吳錦雲小姐，和一位來探望她的陸戰隊訓練中心葛副指揮官，兩位我都認識的。

齊主任為我介紹：

「紀政，林太太來看你了。」

紀政慇慇的坐直身子，喊我林媽媽，我一時愕然，她怎麼如此謙虛客氣，怎麼敢當呢！我忙走到她床前和她握手，發現她比報紙上、電視上的鏡頭好看得多。皮膚不像一些運動員風吹日晒般的粗糙，笑起來兩個深深的酒窩，配上烏黑的長髮，很美、很古典，一點洋化的痕跡都沒有。如果不是親眼看到，真不會相信，這位容貌清秀、身材美好的少婦，就是揚名世界，被譽為黃色的閃電、飛躍的羚羊紀政小姐呢！

她面帶笑容的和我們說話。病人面帶笑容，探病的人心理上就輕鬆得多。她把受傷的地方給我們看，還解釋受傷的經過。她傷得不輕，但看她說話的神態，連眉頭都沒有縐一下，讓人感覺到，一位百煉出來的巾幗英雄，果然是與眾不同，是經得起痛苦的煎熬的。

我耽心稀飯涼了，小聲的問她：

「我把稀飯帶來了，你現在要不要吃一些？」

她開朗的笑笑：

「我從早上到現在還沒有吃東西呢！用過麻藥不能吃，也不想吃，現在倒真的是餓了。」

於是，齊主任和吳教練把食桌推到她面前，看她吃得津津有味，真是餓了。她一邊吃一邊把枕頭旁的相簿遞給我看，那是她女兒的生活照片，胖嘟嘟的，非常可愛。我問起她如何照顧女兒的生活？她臉上馬上出現愉快與滿足的笑容，眼睛裏也閃爍著奇妙，光彩，是一般平凡的母親們所擁有的，紀政不是平凡人，卻也擁有平凡的一面。她正興奮，有敲門的聲音，門開處，一群在訓練營裏受訓的小選手們湧了進來，齊聲叫著紀姐姐。房間裏擠滿了人，非常熱鬧，小選手們圍著紀姐姐的床邊，關切的慰問紀姐姐受傷的情形。紀政也把受傷的腳給他們看，和他們談論著受傷的種種。我看他們和紀政小姐談話很隨和、很親切，沒有拘束的樣子。有說有笑的盤桓了一會，最後，大家合唱了一首「祝紀姐姐早日康復」的歌，才依依的離去。

他們離去後紀政也不吃了，不知道紀政是不是被他們的歌聲所感動而吃不下；我希望她能吃多一點，幫助康復：

「你吃得那麼少，是不是不對胃口？」

紀政看著我笑笑；用手勢幫助她說話：

「不是的，我平常也沒吃那麼多，今天因為肚子餓，已經過量了。你看，我把這些菜都吃得差不多了。」

我為她準備的洋式食物她都沒有吃，倒是中國風味的東西吃得起勁，我真不該自作聰明，以為喝過洋水的人都是洋味十足的。

「你喜歡吃什麼？儘管告訴我，家裏弄很方便，我家離這裏很近，五分鐘就可以送到。」

我把相簿輕輕放回她的枕邊，眼睛又接觸到她那雙誠懇的眼光：

「林媽媽，不敢當，不好意思麻煩你。」

她真是太客氣，像她這麼一位世界級的運動員，為國家增了那麼多的榮譽，身為中國人，都以她的成就為榮，都分享了她的驕傲與快樂。我想，任何人對她的服務她都當得起的。

「能為你服務，是我的榮幸，我非常樂意為你做任何事情，你不必介意，儘管說好了。」

她又笑了，酒窩更深更美。

「那麼，就是稀飯好了，泡飯也可以，只要一些簡單的醬菜、皮蛋就好。」

我總覺得她大概是跟我不熟，才那麼客氣的：

「你的營養夠嗎？運動員不是要特別注意營養的嗎？」

我注意到她忽然收起了笑容，我不知道我說的話是否會有令她不安之處，只覺得她的聲音很平淡：

「我現在不比賽，運動量減小了，所以不能多吃，吃這些足夠了。」

我想恢復剛才的輕鬆，於是繼續追問下去：

「那你在國外的生活呢？也是這麼吃的嗎？」

她果然恢復得很快，臉上又現出笑容來：

「不比賽的時候吃得很隨便，我對吃東西不挑剔。比賽的時候瑞爾就強迫我吃很多東西一杯杯的混合物、牛奶、果汁、雞蛋、牛排，難吃死了，不吃又不行，好苦！」

聽得我們都笑起來。我喜歡看她說話的神態，很誠懇，喜歡用手比，好像是怕我們聽不懂、不瞭解。她知道我偶爾寫點東西消遣，於是和我談到她的抱負：

「……我不能再比賽了，但我可以將我的知識經驗貢獻國家，培植新秀……。我到處搜集資料，我努力的閱讀、翻譯。供我國訓練參考，和大家切磋琢磨……。」

對運動，我完全外行，我只覺得她樸實謙沖、一點不炫耀過去璀燦成就，沒有一點崇洋貶土的意味，也沒有一般有了輝煌成就的優越感。我看到的是一個曾被世人崇拜的英雄所流露的最高的情操。為了不讓她過份勞神，希望她能充份休息、早日康復，我們告辭了。

我請吳錦雲教練和葛副指揮官一塊搭齊主任的車到我家晚餐。吳教練和我不熟、和外子倒很談得來。起先，她也叫我林媽媽，我說絕對不敢當，叫我林大嫂好了。她一聽、很高興，馬上轉向我那在海軍當中尉軍官的兒子：「叫我姑姑，以後要叫我姑姑……。」真是豪爽之至。我最喜歡有豪氣的人。是緣份，所以讓我遇到了他們。我們一見如故，很談得來。在坐的貴賓有一位張老先生、文化學院的體育系主任，是吳教練的老師，真是體壇老前輩了。張先生一臉詳和，是一位一見面就非常想和他親近的長者，他酒量很好，大家向他敬酒，他都樂於接受，連軍人本色的葛副指揮官都佩服不已。我看他總是笑而不語，偶一開口，就是中肯之言，我心裏很仰慕，如果能夠時常和他接近，一定獲益不淺。還有一位記者先生，他就是當年採訪紀政在亞運會上受傷不能再比賽、把不幸的消息向國人報導的孫鍵政先生，他看起來年紀還很輕，吝於喝酒，卻很健談，是很標準的青年記者。能請到這幾位貴賓，是我沒有料想到的。吳教練在老師面前也很豪爽，不諱言對婚姻的看法、對事業的抱負、以及為理想而犧牲的種種切切……。我很佩服她能坦然的正視問題。紹與酒一杯接一杯的豪氣萬千，真是女中丈夫，很難得。她今天是我家的客人，我忽然有「五花馬，千金裘」也願意拼了的感覺，很陪了幾杯。與體壇英雄豪傑相聚，不知不覺中，自己也豪氣起來了。

請不到紀政小姐、是緣，能請到今天的貴賓，也是緣。有緣才能相聚，但是，雖然請不到紀政，卻能在醫院裏和她愉快的談天，雖然是緣慳一飯，她還是吃到我為她做的飯菜了。能為這麼一位世界級的風雲人物服務，不也是緣份麼！

紀政出院後還寫了一封道謝的信給我，她的確太客氣了，她無須這麼謙虛的。出乎我意料的，她的字寫得那麼工整娟秀，文筆非常流暢。她在國外十幾年，還能有這麼好的文字修養，的確不簡單。也讓我清楚的體會到，一位偉大傑出的運動員，是需要各種條件配合的，技術的訓練固然重要，良好的氣質也是不可忽視的。如果加上內涵，則對他將來的事業抱負會有更大的幫助。

我對紀政小姐多一層認識，又多一層敬意。

外子常常笑我未修佛果，倒先結了人緣。我想，只要能結人緣，又何必在乎佛果呢！

阿財的煩惱

黃昏的時候，下過雨的地面顯得又濕又滑。陳阿財的膠鞋穿了底，只覺得腳趾黏黏的、涼涼的，很不好受。他背著書包匆匆的向家裏走，一陣陣的怪聲由肚子裏傳出來，阿財心想，中午的便當壓得又滿又緊，怎麼現在又餓了呢？難道是下午拔河比賽用力太多的緣故嗎？

阿財的爸爸是一間建築公司的工人，當年跟著工程跑，做到那裏就把家帶到那裏，在工地旁用木板隨便釘一間夠他全家大小睡覺的小木屋，就算安家了。一直住到工程完畢又搬到另一個新的工作地去。

阿財自有記憶力開始到現在上國中，已經不知道搬了多少次的家，換了多少間學校。他已經學會了到鄉公所或區公所辦理遷出遷入，也學會到學校辦理借讀轉學的手續。這次搬到這裏，對他上學非常不方便，每天要走好幾十分鐘的路，還要乘一次車。要是能多轉一次車就好得多。可是他不敢要求，花錢的事，媽媽是不會肯的。

肚子嘰嘰咕咕的催他加速了腳步。猛一抬頭，又看見那間五層大樓，每次經過這裏他都要看它一眼。記得有一次跟媽媽上街買東西，經過這間大樓，媽媽曾指著它說：那間房子當年蓋的時候你爸爸就在那裏做工，想不到現在我們又回到這裏來……。媽媽說話的神情好像還有點得意的樣子，一點都不在乎。阿財的心裏可不這麼輕鬆，他既難過又悲憤，十幾年了，爸爸還是當工人，我們還是沒有房子住。雖然我們鄉下有房子、有田地，可是爸爸不喜歡種田，也不喜歡住在鄉下。我們只好跟著爸爸跑，像跑野臺戲一樣，長年在外面流浪，連上學都不能安定。他又望一眼那間大樓，假如當初爸爸蓋的這間房子是我們自己的，那該多好，這十幾年我們就不必東奔西跑，可以像其他同學那樣安安逸逸的讀書，可以……。他越想越不是滋味，他提醒自己，不能胡思亂想，還是想想等會怎麼跟媽媽說的話吧！他趕快把肚子裏已經準備好的話又翻出來重新溫習一遍：

「媽！老師說我功課不好，再不補習就考不上聯考了。」

他想起媽媽說話的神態：

「補習？補習是幹什麼的？」

「補習就是每個月給老師一點錢，老師就把考試的方法告訴我們。」

他認為這是最恰當的解釋。

「我不懂，去問你爸爸。」

他知道媽媽一定會這麼說的。

「爸叫我問你！」

他明知問爸爸沒有用，只好撒謊。

「問我什麼？」

他猜想媽媽一定不耐煩了。

「問你要補習費。」

他真怕到時候沒有勇氣說出來。

「什麼？補習費？你們讀書不是不要錢的嗎？」

媽媽的眼睛一定睜得很大，上次要交錢媽媽就曾經這麼說過，這次一定還是這麼說的。

「本來是不要錢的，這是補習費呀！」

他哭喪著臉，好像媽媽就在身旁似的。

「我親耳聽見你們老師說現在讀中學也是政府出錢的，不要我們花錢，可是每次開學還是要交幾百塊，現在又是什麼鬼補習費，錢錢錢，你們老師就只知道要錢。」

每次要交費媽媽都是這樣罵的。

「媽，我交的已經夠少的了，他們老早就交了，而且，白天補才比較便宜，如果晚上也要補還要加倍呢！同學差不多是白天晚上都補的，是我向老師求情，說住得太遠，老師才答應只補白天。」

這些都是事實，可是怎麼樣才能使媽媽明白瞭解呢？他對自己準備好的這些話，一點信心都沒有。

天色已經暗下來，快到家了。他心裏想著事情，又走得快，一不留神，踢著一堆東西，整個人撲了下去，他連忙爬起來轉身拐開，冷不防又撲在另一堆沙上，心想今天早上上學的時候還看不見這些東西，怎麼突然跑出來的？唔！大概是快打水泥地了，打完地房子也就快完工。他心裏一陣高興，希望越快完工越好，免得他每天跑那麼多的路。可是，再一想，下次爸爸做工的地方在那兒呢？如果那裏附近沒有學校，那，豈不更糟？他不想再換學校，他只希望在這裏讀完中學算了。耳朵裏傳來妹妹的哭聲，他快步跑回家去。

屋裏已亮了燈，昏黃的燈光下，爸爸盤著腿獨自在喝酒。他看見爸爸瞥了他一眼，沒有說話，繼續喝他的酒，只是換了一種姿態，把腳豎起來用手抱著膝蓋。筷子在碗裏不斷的翻動著。他輕輕放下書包，眼睛卻溜向那菜碗，肚子又是一陣嘰咕，真想馬上扒它幾碗。

他媽媽看見他回來，把手裏正在餵妹妹的飯碗往他手裏一塞：

「來，把妹妹抱去餵她吃。」

他一手接碗，一手把妹妹攔腰吊起來，吊到外面木堆上。妹妹口裏的飯不肯嚥，他的口水卻嚥乾了。肚子實在叫得太難受。

「你吃不吃，不吃哥哥吃了。」

果真他就扒了一大口飯往嘴裏送，飯一到嘴裏還來不及嚼就嚥了下去，接著又扒了兩三口，大概扒得太快了，飯停在喉嚨裏，害他幾乎扯不上氣來。不由得閉上眼睛，只覺飯由喉嚨一直往下落，雖然氣塞有點難受，但卻擋不住飯在胃裏的舒服。

好了，現在好多了，肚子已經不叫了。只是手還有點發抖，就好像拿過重的東西似的。他回頭看見媽媽正蹲在露天的灶前燒開水，他小心的叫了一聲媽，媽媽沒有回頭。

他急於把心裏的話向媽媽吐出來，話一出口，又覺得不是時候，爸爸還在喝酒，媽媽那會有心聽呢！

「妹妹不吃了。」

「不吃你就跟她洗淨，給她去睡覺，看你爸爸吃完了沒有，把東西收起來，看看火，水開了就把火熄掉，我要去收衣服，剛才下雨的時候忘了收，一定還是濕的。」

媽媽一連串的吩咐，就是沒有吩咐他吃飯。他有點生氣，一肚子的不高興。拿了條毛巾胡亂的跟妹妹擦一把，把她抱回屋子裏。

爸爸已經吃飽了，臉上紅紅的在用筷子剔牙縫。他把妹妹按倒睡下她又起來，看樣子她還不想睡呢！他拿隻湯匙給她玩，小心的把爸爸吃完的東西往外收，眼睛又盯著那菜碗，那條魚只剩下頭和尾巴，中間的肉都給爸爸吃光了，那碗菜花還有半碗，上面還有幾塊肉皮。他盛了碗飯，倒了點菜湯，剛扒一口，爸爸叫他去買煙，他忙放下碗筷，撿起爸爸扔過來的錢往外跑，沒跑幾步又撞上那堆沙。死沙，該死的沙，他心恨恨的罵著。煙買回來後媽媽也回來了。他知道媽媽也沒有吃飯，就替媽媽盛了一碗，飯又冷又硬，自己倒無所謂，媽媽常常都說胃痛，只怕吃了不好。他偷偷的看媽媽，燈光下媽媽的臉黃得令他吃驚，不覺愴惶起來，關切地說：

「媽，要不要我去把飯煮熱？」

他看見媽媽夾起一糰飯塞在嘴巴裏，把菜花碗端起來喝一口，搖搖頭，沒有說話。他只好把菜碗盡量的移到媽媽面前，並且把魚頭上的肉挑出來讓媽媽看得見。然後寂然的吃著飯。他忘了吃了幾碗，只覺得胃漲漲的，好舒服。心想；現在爸爸媽媽都在面前，如果能夠開口說出交補費的事來該有多好。他瞄一眼爸爸，爸爸的眼睛裏有一股凜然的威嚴，雖然喝了酒，並沒有把它蓋掉。心裏閃過一陣涼意。他不敢開口。妹妹無緣無故的哭起來，真討厭，他狠狠的瞪她一眼。看見爸爸站起來在結褲帶，他知道爸爸又要出去了，每天晚飯後爸爸幾乎都要出去的，有時候到街口小店看電視，有時候跟幾個朋友玩紙牌，有時候……他不知道爸爸出去幹什麼。

妹妹還在哭，他真希望爸爸能把妹妹抱出去，那怕是幾分鐘也好，讓他能好好的跟媽媽說說話。可是，不可能的，他從來就沒有看爸爸抱過妹妹。

爸爸已鑽出來穿上拖板走了。

妹妹真可惡，一定要媽媽睡在她身旁她才肯睡。那兩個弟弟就不會這樣。他忽然想起跟祖父母住在鄉下的弟弟來。前年，媽媽生妹妹的時候生了一場大病，爸爸就把兩個弟弟送回鄉下給祖母帶。去年過年的時候他曾跟媽媽回鄉下，臨走的時候要帶他們回來，他們竟然不肯跟媽媽走了。其實，他自己何嘗又想回來呢？在祖父家有吃有玩，不必搬來搬去，那裏也有小學中學，不必換學校。他不知道爸爸為什麼不願在鄉下種田要出來幫人家做工？是爸爸不准他留下的，爸爸說他是老大，要跟在他身邊幫忙。其實爸爸是想我去做工賺錢給他，誰不知道？……。他渾渾然的嘀咕著，妹妹的尖叫打斷了他的胡思亂想。媽媽又把一大堆的事情吩咐過後，就匆匆的洗了腳帶妹妹睡覺去了。

他匆忙收拾東西，把碗筷洗乾淨，再把外面的用具通通搬入屋子裏，把帆布掛上。這間小木屋三面牆和地板都是用木板釘成，上面釘塑膠板，那一邊空的留著進出的，晚上就拿塊大帆布擋著，這些工作每天都歸他做。

他把一切都做好，倒了盆水坐在又當地板又當床鋪的木板上，胡亂的把腳搓一搓，然後兩腳一縮，連擦乾都免了就鑽進屋子裏。

他輕輕的挨向媽媽，糟，媽媽睡著了，怎麼辦呢？他茫然若失的呆坐著出神；老師的話又出現在他的腦海裏：

「……你們既然填的是升學，就應該對功課特別留意，我不是強迫你們補習，但是如果你們不補習的就會影響全班的進度，破壞本班的名譽，這樣下去，我對你們的家長，對我們的學校都無法交代……。」

每次老師說這些話的時候，他那雙火炬般的眼光卻向他射過來，他就像探照燈下的逃犯似的，驚惶失措，真想鑽到桌子底下去。他內心有說不出的羞愧與歉疚，覺得很對不起老師。他也感到很委屈。有一天他的數學不會做，問老師，老師卻說已經教過了，大家都懂，為什麼就是你不懂？如果是別的同學問的老師就會很有耐心的解說。老師？你為什麼要這樣子呢？他迷惘的抬頭看著熟睡中的媽媽，心裏焦急得幾乎把下唇咬出血來。

上星期老師問他到底補不補習的時候他已經點頭了，他答應老師下個月交補習費。所以，這幾天他為這件事焦急不已。媽媽會答應他每月交補習費嗎？爸爸會答應他晚一點回來嗎？想到錢就心煩，平常日子裏媽媽是除了爸爸的酒錢之外，一個錢都捨不得花的，連她自己生病都不去看醫生。爸爸賺的錢只給媽媽生活費，其他的媽媽不過問，爸爸留著自己花。媽媽只好拼命節省，她要把錢存起來，拜拜的時候才有錢請客。想起拜拜他就生氣，媽媽什麼都省，就是拜拜不省，媽媽說越排場就表示越恭敬虔誠，菩薩才會保佑她不生病，爸爸才有面子。一年到頭都辛辛苦苦存的錢，就在一天中給客人吃光了。盡管政府叫我們節約拜拜，不要請客浪費，媽媽就是不聽，她還說她身體不好是因為虧欠菩薩太多，所以拜拜一定要虔誠。每次拜拜倒楣的總是我，起碼三天不能上學，留在家裏幫忙。平常學校要交錢的時候媽媽就好像要割肉似的不願意，可是到了拜拜卻又要我把學校的老師請來，通通請來，越多越好。看見喝醉的客人把酒斟在桌子上，看見客人把媽媽辛辛苦苦煮的菜吃下去又吐出來，他心裏好難受，好憤怒。為什麼我們省吃儉用的錢要給他們浪費掉？如果媽媽能少買兩打酒，我要交的錢不就有了嗎？他氣鼓鼓的看著熟睡中的媽媽，為什麼你不能像別人的媽媽？別人的媽媽常常到學校去關心他們，偷偷的送東西給老師，跟老師聊天……。我的媽媽只會跟阿姨比，阿姨說她拜拜用好多香菇，媽媽也要買香菇，阿姨說現在的人吃拜拜要喝啤酒，媽媽也要買啤酒。我們怎能跟阿姨比呢？我們家什麼都沒有，只有這幾塊木頭，而且，這幾塊木頭還不是我們的，是老闆要爸爸看管材料，所以才——他腦海裏忽然瞥過老闆的影子；他又想起老闆來。想起老闆他心裏又是一陣苦惱，不知道是該謝他還是該恨他？就因為他一句話，才害得他今天那麼苦。

那天，老師拿了一疊表來，每人一張，老師解釋說：

「表裏有升學欄和就業欄，把自己的志願填上去，學校就按著大家的志願分班……。」

他知道自己是不會升學的，爸爸曾經說過給他讀中學是一種浪費，如果跟他當小工，還可以向老闆多支一分工錢。如果當初跟張師傅的兒子木榮一樣學徒，現在也可以賺不少的錢了。想起木榮他現在還真有點羨慕他呢。早知今天那麼苦，還不如當初跟木榮一樣當學徒算了。

木榮小學畢業就沒有再讀書，在家裏幫忙種田，後來到一家木器行當學徒，說是三年才能出師，學徒期間沒有工錢，只供吃住，外帶一點理髮錢，他在木器行只做一年就離開了，換一家建材行，不再是學徒而改當小工，別人都叫他小師傅，已經可以拿工錢。又過了一年，就以木匠師傅姿態正式當上木匠師傅。每天收入數百元，現在已經買了機車，他還未到考機車執照的年齡，卻每天騎著機車去做工，口裏叼著煙，後座放一個工具袋，神氣得很。看看自己，現在連一點補習費都拿不出來，每天提心吊膽的上學，垂頭喪氣的回家。每當爸爸埋怨什麼義務教育，明明是斷了他的財路的時候，連他自己都有點困惑了。他明知道能讀中學很不容易，一方面固然是政府的恩惠，延長國民教育，使他有正當理由受中學教育。一方面也要感謝他小學六年級的蔡老師，是他在爸爸面前說盡好話，甚至威迫利誘，指出不讓孩子接受政府義務教育就是阻礙政府推行政令，是犯法的。好說歹說，才說動爸爸讓他讀完中學。老師如此熱心幫忙，完全是看了他那篇作文「我的家庭」有所感動。他在文中述訴自己父母教育程度低，思想落伍，而生活又不安定，對未來一片茫然，希望自己將來有能力改善家庭生活……。老師找他去談了幾次話，鼓勵他努力讀書，力爭上游，克服困難，先充實自己，才能創造未來的命運。他感激老師的指導與熱心的說服父親。滿以為進了中學就是踏上了錦繡前程。他沒有想到進了中學還會有那麼多的煩惱。

當老師把表給他的時候，他就不敢存奢望。他只是奉命把表帶回給家長看，爸爸認不了多少字，恰好那天老闆和幾個工頭監工在跟爸爸講話。爸爸把表交給老闆看，誰知道老闆一看馬上就說：

「當然是填升學欄，阿財很聰明，不讀書可惜，初中畢業可以讀五專，現在的五專很不錯，等將來畢業後就跟我管公司，以後還可以自己開營造廠，當老闆……。」

老闆隨便說說，可把爸爸樂壞了，爸爸聽見將來可以自己開營造廠，自己當老闆，高興得不得了。馬上請老闆代填那張表。

填表有什麼用？現在連補習費都交不出來，還談什麼五專，那一大筆的學費，那五年的時間，爸爸會捨得嗎？爸爸的收入是可以供我讀書的，可是爸爸才不那麼想，他不會有那麼長的耐煩心等我。爸爸只看眼前，眼前能像木榮那樣賺錢就好。他已經有了先入為主的成見，他經常稱讚木榮能幹，還未服兵役就賺大錢。木榮的工資拿得跟他爸爸張師傅一樣多，而且他還會自己接生意、包生意，難怪爸爸眼紅。爸爸最看不起整天跟著老闆的李監工，笑他花了那麼多錢讀了四年大學有什麼用，一個月才拿那麼幾千塊，什麼都不會，就會跟在老闆屁股後面走來走去聽老闆的差遣，像個大飯桶。爸爸以錢來衡量一切，還有什麼好商量的？他知道爸爸是一時高興，又是在老闆面前才答應他讀五專，事實上是不可能的。他忽然想起，如果不讀五專、不升學，為什麼還要交補習費？如果當初不填那張表，他一定是分到就業班，就業班不必交補習費，他也不會有今天的苦惱。

阿財深深的吸一口氣，如果不升學，乾脆換班算了，省得每天為交費而頭痛。一切都等畢業以後再說吧！他緩緩的躺下，把頭枕在手上，默默的想著、想著，不知不覺又想起蔡老師來。老師的話又在他腦海裏盤旋——

命運操縱在自己的手裏，你想做那一種人，你就是那一種人，世界上沒有解決不了的事情，也沒有走不通的路……。我知道你以後還會遇到很多困難，不論你將來搬到那裏，遇到你自己不能解決的問題，你來找我，我不一定能解決，但是我一定幫你想法子解決……。可是，像這樣的事情我能找您嗎？而且您又在那麼遠！唉！為什麼同是老師有那麼大的差別呢？他困惑得直搖頭。也許，真要找蔡老師商量一下。我已經不知道該怎麼辦好了。如果初中畢業不再升學，只好就業，就什麼業呢？還不是跟大家一樣到工廠當技工，技工的錢沒有木榮多，爸爸一定不滿意，不滿就嘀嘀咕咕。而自己也會覺得永遠都差木榮一截。想當初自己能讀中學的時候還在他面前神氣過。當時自己還以為已經前途無量了。如果現在回頭來又步他後塵，豈不被他笑話？不甘願，我不服這口氣。而且，以後永遠都不能擺脫這種生活，做另外一種人了。他看看四周，這個家，沒有給我一點留戀的地方，爸爸是有一天過一天，不為家人打算只顧自己玩樂。媽媽只會睡覺，一有空就睡覺，只要不煩她就好。人家說家徒四壁，我們連四壁都沒有，爸媽都不為我的學業前途著想，我不想再住下去。我要離開，我要做另一種人；一種神氣的人。不是木榮那種神氣，我不會真的羨慕他。那麼是想當老師嗎？當老師要讀很多書，我不可能再讀書了。不讀書怎麼辦？不讀書就得做工，想了半天的問題又回到這裏來。他煩躁至極，不覺又坐了起來。突然眼睛一亮，對，我可以讀軍校，軍校不要交學費，一切國家負擔。記得沒有分班以前，老師就曾經跟我們介紹過好幾間軍校，我也到龍岡第一士校參觀過，那天看見他們鼓號樂隊的表演，好精彩，隊伍雄壯，服裝漂亮，精神抖擻，當時自己還幻想著有一天我也能參加該多好。初中畢業就可以進去，聽說還有中正國防預校，也是初中畢業就可以讀的，如果我能考上，以後就可以安安心心的讀書，不必再東奔西跑，不必再提心吊膽的耽心學費，我就可以離開這個家……。他突然興奮起來，我要讀軍校，我再也不想過這種生活了。他忘形的用力一搥，媽媽沒有動靜，妹妹卻嚇了一跳，馬上又哭起來，媽媽迷迷糊糊的拍拍她，一會又安靜下來。他伸伸舌頭，忽然又想起補習費。心裏又是一沉，不管升不升學，將來讀什麼，我都要交補習費的，我已答應過老師，怎能失言呢？當著全班同學怎麼下得了台？就是要轉班也不是現在，也要唸完這個學期，現在請求轉班，多沒面子。再說，我已經拿了老師的考試卷。考試卷是發給交了補習費的同學做的，自從我答應補習，老師也發一份給我，雖然我答應交補習費是由下個月開始，現在還有幾天，可是萬一媽媽堅持不給，而又拿了老師的考試卷，我還有什麼臉去見老師呢？

阿財越想越難過，越想越不是滋味，忽然感覺眼睛有點模糊。他低下頭，伏在手臂抱著豎起的膝蓋上，暗自神傷。

一陣拖鞋聲驚醒了他的思緒，他知道爸爸回來了，怎麼今天回來得那麼早呢？爸爸的聲音由遠而近：

「阿財，快來搬東西，拿塊塑膠布來……。」

他慌忙鑽出小屋，外面一片漆黑，他摸索著幫爸爸把露天的幾包水泥扛進新房裏，扛得他的腰幾乎直不起來，又把塑膠布蓋在木材上，還找幾塊磚壓著，怕被風吹掉。

他很想趁機會把補習的事跟爸爸商量，如果爸爸不肯，他可以說是你叫我填升學欄的，所以才要交補習費。他的話幾次衝到喉嚨就是出不來，他心裏害怕，萬一爸爸一生氣，叫他馬上停學去做小工，那？豈不更糟！不由得打了個冷戰，癡癡的呆立著。

夜，又冷又黑，毛毛的細雨飄濕了他的光頭，一陣風吹來，樹葉沙沙作響。新房子更是陰森森的，像幽靈似的屹立在他的面前，增加了他的恐怖，左右看看爸爸已經不見了，他不敢再停留，飛快的奔回小木屋。

第二天清晨，天色還帶點朦朧，他被媽媽用腳推醒了。揉著一雙一夜胡思亂想的眼睛，燒火、煮開水、洗米煮飯、洗青菜、買醬瓜、收帆布……。早上比晚上更忙。

妹妹醒了，一醒就哭，死纏著媽媽，害得他始終找不到機會跟媽媽說話。媽媽還說她不足月生下來，沒奶吃，好可憐。她一哭爸爸就心煩，媽媽也心亂，所以什麼都依著她。我看哪，哼，揍她一頓就好。他心裏嘀咕著，著急得像熱鍋上的螞蟻。

糟，賣豆腐的來了，他每天都是在賣豆腐來的時候上學的。他匆匆的裝好便當，又匆匆的扒了兩碗飯，心裏暗暗叫苦，今天又不成了，又要等到晚上。

妹妹在抓他的書包，滿臉鼻涕，他一肚子的怨氣，伸手一個巴掌打過去，妹妹「哇」的一聲大哭起來，爸爸醒了，媽媽沙啞著嗓子大吼：

「你想死了，好好的打妹妹一個巴掌幹什麼？」

「我！我不是打她，是她臉上有一隻蒼蠅。」

說完拿起書包飛快的往外跑，剛跑幾步，又撞上那堆沙，他匆匆爬起來，狠狠的朝沙堆踢了一腳：「死沙，該死的沙。」

溪頭夜月

一個仲夏的晚上，十點多鐘了，太陽已經下山很久，暑氣仍未消散。偶然吹來一陣微風，依然夾著烈陽的餘味。

我們一家人因為要去旅遊，沿著眷村寬闊的道路向左營北站走去。月亮皎潔的掛在天上，照著我們這群夜行人。因為趕時間，我們走得較快，偶一抬頭，月亮也跟著我們同一個方向趕路，我精神一振，腳步加快，越走越覺得身子越輕，才一會工夫就走到了。我們停了下來，月亮也不走了。我和月亮互相的笑望著，大家都有心照不宣似的感覺。

小時候，我最喜歡玩這種追月亮的遊戲，幾十年來，在月下趕路的機會完全沒有了，我也早已忘記了這種兒時的樂趣，今晚偶然又拾了回來，心中非常快樂。靠著電線桿，心頭卜卜的亂跳。才走那麼一點點的路就喘氣，真是不中用。看來再不多走路，少坐車，就會被自然所淘汰了，大家看我走得那麼急，都笑我太緊張，笑我耽心怕趕不上車子。我心裏暗自好笑，你們猜不到的，你們怎麼能猜得出我是在跟月亮玩追逐的遊戲呢?!

車子姍姍的來了，上車坐定後，服務於海軍的兒子為我介紹左右前後的同事和他們的家人，這是他們工作單位的一次旅遊。能夠享受下一代的福利，也是一種福氣。

我怡然的坐在椅子上，這次遊玩的目的地是溪頭。溪頭對我不陌生，但是夜遊溪頭的情調卻不曾嚐試過。這種半夜三更才出發的旅遊行程，的確是很吸引人。年輕人的主意，倒也新鮮。

車子開動後，一位粧扮入時的導遊小姐隨即介紹致詞，然後展開了她的歌喉，很可惜她的聲音還帶點感冒未癒的沙啞，看她如此盡職，也真難為她。很多人都跟著歌聲唱了起來，大家都忘了這是深夜了。

十二點左右，在可口樂園停車休息十分鐘。

一下車就聞到一股烤香腸的香味，烤香腸似乎是臺灣的特產，一年四季不論是大城小鎮、大街小巷，到處都可以吃得到。我被它的香味所吸引，唾涎不已，就是有點耽心它的衛生問題。猶豫中，看他們吃得津津有味，已經來第二支了，也就不再猶豫，放膽來它一支。沒想到會那麼燙，一口咬下去，噠的一聲，香腸的油濺到舌頭了，老天爺，這下可好，我強忍著沒有吭氣，免得影響大家的興趣，也怕大家笑我土，連吃烤香腸都不會。我深深的吸幾口涼風，裝著若無其事般的品嚐著，果然美味，子夜時分在公路旁吃烤香腸，別有情調，如果不是自己粗心大意，相信一定會更有情趣的。

兩部遊覽車繼續前進，一點半的時候又在一座廟前停車，又是休息十分鐘。沿途能不斷的停車給大家舒散方便，真是太好了。這部車的座位實在太小，坐下去能屈不能伸，很需要不斷的活動一下。否則幾個鐘頭下來，豈不變成痲木的人？

夜遊的人真不少，好幾部遊覽車都在這裏停了下來，想不到在這荒郊野地，還會這麼熱鬧，由這點也可以看出來，人們的生活水準，的確是大大的改變了。

夜已深，夜風已經轉涼，人也睏了，正是睡覺的好時間。漸漸的，歌聲不再刺耳，燈光不再耀眼。昏沉中，好像有人推我一把，迷迷糊糊的睜開眼睛，原來已經到了，看看手錶，三點已過。領隊的人宣佈自由活動，九點鐘回到原地來開車去鳳凰山。

下得車來，但覺寒氣侵人，幸好帶了外套，還是難抵山嵐寒氣。好在路旁就是小吃店，家家都燈火通明，冒著熱氣的粽子、包子、茶葉蛋、熱豆漿、冰牛奶種類繁多。我們先把肚子填飽，身子跟著馬上暖和起來，精神又來了。於是開始向森林區走去。

入口售票處鐵柵深鎖，我們這個團體的人和其他遊覽車的乘客都被摒擋在鐵柵外，無法進去。大家只好在外面觀賞。外面是一片廣闊的停車場，今晚的景色很不錯，原來是農曆五月十六號，怪不得月亮那麼圓、那麼亮。

天空像一塊墨藍色的天鵝絨帷幔，月亮就掛在帷幔下方的樹梢上，遠處疏落的幾粒星星，眨著小眼睛在偷窺著我們，深山荒野、冷月孤星，如果沒有我們這些遠來的遊客，是多麼的清寂啊！

廣場旁的一排土產店大概聽見有顧客來了，都紛紛的開店迎客。記得很多年前遊溪頭，就是在這附近，我們去買茶葉，店主是位白髮白鬚的長者，很親切的招待我們，他泡了一壺茶請我們喝，還說了一大篇品茶煮茶的道理，聽得我們很受用。他堅持我們買不買茶葉都無所謂，一定要品嚐他泡的茶，要我們留下來多談談、多聊聊。現在那位老人不知還健在否？房屋很多都改變了。等會下山來一定要找找他，希望能再叨一杯好茶。

售票處的燈光亮了，鐵柵開了，進入森林區，氣氛更加不同，到處黑漆漆、陰森森、冷冰冰。雖然有那麼多同遊的人，乍一進來，還是有點毛毛的感覺。

我悄悄的挨向家人，順著路標指示向前走。兩旁高入雲霄的杉樹畢挺的直立著，像儀隊迎接貴賓。樹若有靈，當知我已向你們答禮。月亮的碎影由樹梢瀉下來，夜風輕拂，遠遠傳來涓涓流水聲。為了想聽聽大自然的聲音，我將腳步放慢，以便遠離嘈雜的人聲和收音機的嘶喊。我真不明白為什麼出來享受大自然還要提著幾斤重的唱機，也不怕累贅？把聲音開得那麼響，也不怕妨礙別人。我忽然想起來，攀摘花木的要罰六百、隨便吐痰丟垃圾的要罰六百。亂按喇叭的也要受罰，那麼帶著唱機到處去吵人的是否也該罰六百呢？怎麼沒有法令取締呢？孩子們笑我不懂文明。這樣的文明不要也罷。

我們故意像落單似的走在後面。人聲漸杳，水聲也聽不見了。忽然間發現森林已經酣睡了，萬籟俱寂，聽不到夏虫長鳴，也沒有夜鶯低唱。連風舞樹梢的聲音都沒有，這就是如詩如畫的仲夏夜麼？宇宙好像已經停頓了，靜悄悄；靜悄悄。我們輕輕的走著，像一群森林的竊入者，盡量不發出聲音。可是還是可以聽得見腳下踩著沙粒的聲音。忽然飄來「彼得與狼」的音符，我下意識的回頭看看，引得他們都笑了起來。原來是捉弄我的，我趕緊噓口氣，不能驚醒它們仲夏夜的好夢。

水聲又出現了，涓涓的流水聲越來越近。我們走到一座木橋上，潺潺的山澗輕拍著石頭，發出非常美妙的音樂來，像那首「森林的水車」一樣的清麗悅耳。陣陣山風吹來，似乎還夾著水花的清涼。如果不是受時間的限制，真不願離去。人生很難得有機會能在月下聽泉啊！

我們決定先拜訪神木再探訪大學池。訪神木有近道和林道可走。我們選擇走林道，雖然要走多一倍的路程，卻希望能看到更多大自然的夜景。

我喜歡遊名勝，也喜歡沿途自然成趣的風景，在不同的角度、不同的心境裏，而產生不同的景緻。美好的景緻全憑自己福至心靈去獵取。這是大自然的奧妙處。由於今晚的旅遊時間與往常不同，於是產生了訪幽探險的心境來，希望真能探到一些新奇的景物。

我們順著林道走，雖然月色好，終歸是晚上，視野不廣，看到的只是眼前的景物。感受的只是一份出俗遺世的清幽。忽然眼前一陣目眩，但見萬道月華的光芒由層層密密的樹梢上射下來，像旭日東昇時雲層裏射出來的萬丈霞光，那麼壯麗、那麼雄偉。想不到月亮也有那麼大的威力，令人嘆為觀止。

今晚夜遊溪頭，有幸看到這豪氣萬千，月華如虹的溪頭月，眼界為之大開。古人詠月，大都是詠月的高潔、月的幽怨。詠月的古人難道沒有來過溪頭麼？為什麼沒有讀過豪氣萬千的詠月佳句來呢？一定有的，只怪自己讀書太少，竟然找不到佳句歌頌今晚的溪頭夜月來。

他們大概看我對著樹林出神，輕輕的拿過我手裏的皮包，說是讓我輕輕鬆鬆的欣賞。其實不必的，一個小小的皮包根本不是負荷，在這深山野嶺行走，又是在晚上，手裏拿點東西反而有安全感。不過我沒有把自己的想法說出來。我不想拂了他們的好意，也免得他們又笑我膽子小了。

於是，兩手空空，飄飄然的走著；走著。忽然瞥過幾個孩子的影子來，曾幾何時？就像是昨天的事，一樣是旅遊的日子，走著；走著，走熱了，一件件的衣服脫下來堆到我身上，一個個的水壺交給我保管。路旁撿的石頭樹枝，到頭來也落到我手裏。連那個大男生也靦顏的把衣服遞過來。每次遊玩，我都做他們義務的挑夫。現在呢？連一個小小的皮包都不必拿了，反而覺得兩手空蕩蕩的很不自然，彷彿是兩隻多餘的東西，不知如何擺動才好。忽然領悟到，如果完全沒有負擔了，不見得是幸福。有點責任反而覺得生活充實呢！

我們繼續散步似的邊走邊看，天色已經有點朦朧，較遠的青山翠嶺已隱約可見。地下濕濕的，不知道是雨還是露？斜坡上有朵朵白絮，不知道是雲還是霧？忽然瞥見小崗上有一個涼亭，於是大家都上去休息。坐下來才覺得有點累了，也有點渴了。如果現在能來一壺又熱又香的好茶，該有多好？不覺，懷念起那位白鬚白髮的長者來。如果有一瓶紹興、幾碟小菜，豈不更妙？想到吃，肚子果真有點餓了。才加滿油的，怎麼會那麼快就消耗掉了呢？還是走吧！在這裏空想無益。在這麼出塵清幽的神仙境地，竟然會想到人間煙火來？真是俗物。我暗罵自己一句，心裏也覺得好笑得很。

突然遠處山頭傳出一聲清脆的鳥叫，聲音破長空而來。迴音盪漾中，另一山頭也傳出一聲鳥鳴。停了一會，遠處山頭又叫了一聲。停了一會，那邊山頭又應了一聲。一呼一應，像唱山歌般應和著，慢慢的，附和的鳥越來越多，把森林給吵醒了。

晨曦已經出現，月亮仍然斜掛著，只是已變得暗淡了。山凹間同時出現太陽和月亮，又是難得一見的景象。忽然又覺得眼睛一陣發亮，原來是眼前那棵柳杉樹，枝葉間掛滿了逼串串的露珠，露珠被晨曦照得晶瑩剔透，美極了。

像一串串的彩珠鑲在樹上，比聖誕節樹上掛的燈飾更耀眼、更瑰麗，真是上帝的傑作。這種奇妙的境界，不是親眼看見的人，是感受不到的。今天有幸，收穫太豐富。

晨風輕拂，送來陣陣人參的芬芳，我猜那是天地間孕育出來的精靈之氣，只有在深山野嶺才呼吸得到的。這麼清新自然的空氣，我們暢快的呼吸著，果然頭腦清醒、精神又復充沛起來，腳步輕快的迎向朝陽。

夜遊的情調太奇妙，溪頭的月夜太神奇。以致天亮後的旅程已無心再觀賞了，一切的景物似乎已視如無睹。飄飄然的還是回味著昨晚的月夜遊。這令人神馳暇思如幻似真的夜遊情景，希望能再重遊一次，再回味一次。

闔家歡

符太太做了一件泰絲旗袍，準備母親節那天穿。做好後卻穿不下去，找裁縫師傅理論，師傅無論如何都不承認自己做小了。他堅持是這十幾天來符太太又發福。氣得符太太直瞪眼睛。

「見你的鬼，那有剛做好的衣服不能穿的？分明是你尺寸量錯了，你非負責給我改好不可。」

師傅一團和氣的把簿子拿出來，翻給符太太看，又拿尺把衣服量一遍：

「太太，你自己看看，上面登記的尺寸和這件衣服的尺寸完全相符合，可見絕對不是我做錯。」

符太太詫異的看著衣服和簿子：

「不是你錯，難道是我錯不成？」

師傅滿臉堆笑，聲音小小的：

「是你自己保養得太好，才會有這種現象。」

符太太氣唬唬的瞪他一眼，師傅沒有在意，他又把衣服翻過來給符太太看，搖搖頭：

「太太，你看，如果可以放我一定幫你放的，實在是一點辦法都沒有。當初做的時候就是盡封面做的，這種泰絲就是封面窄。你也不是頭一次在我這裏做衣服，我什麼時候給你做砸過？」

符太太做夢也沒有想到會發生這種事情。只好回家去又在箱子裏翻出一塊瑞士綢來。師傅笑迷迷的對她說：

「這塊料子好，穿起來柔軟服貼，封面也寬，我做的時候再多留一點，以後還……。」

「你少廢話，這次做不好看你還有什麼話說，你馬上就做，我等著要的。」

符太太說完掉頭就走，剛踏出門口師傅又叫住她：

「太太，請等一等，我再量量尺寸。我三天就跟你做好，你一定要來拿，否則……。」

師傅自知失言，馬上陪笑點頭為禮，符太太狠狠的瞪他一眼，憤然而去。

由裁縫店出來，符太太為了這件衣服又去配了一個皮包，一雙皮鞋。逛了整個晴光市場，又在電影街裏轉了一圈，才買到這兩樣東西。符太太一向討厭買來的東西跟別人的一樣，所以她每一樣東西都是經過一番細心的選擇。

盼望了多日的母親節終於到了。這天，符太太起得很早，而且一起來精神就很好，和往日起床後精神萎靡的情形完全不一樣。符先生已泡好一壺茶自個兒在喝著。符先生唯一的嗜好就是喝茶，所以，每天一起來就自己燒開水沖一磁壺茶，喝完了才吃早餐。他的早餐也簡單，一小碗泡飯加一個蛋，其他什麼都不要。

符太太把客廳稍為收拾一下，因為起來得早，幾乎是破例的把符先生的泡飯做好。她自己是不吃早餐的，所以，她對自己的發胖一直很懷疑。

符先生看見太太早起，心裏很高興：

「過節的人是不一樣，你今天還要去做禮拜嗎？」

「要，我先去做做頭髮再去。」

「你昨天不是做好了嗎？好好的為什麼還要去做？」

「有點亂了，我只是去整理一下，很快就回來的。」

符太太到了美容院，果然坐滿了人，她欣慰的笑笑，幸好有先見之明，昨天先把頭髮做好，如果今天早上來，一定趕不及了。有位理髮小姐看見她進來，熱情的招呼她，放下手上的客人，把她請到裏邊一張圓凳上坐下，把她的頭髮攏一攏，打點膠水，用吹風機吹吹，加幾個夾子。小姐笑容可掬的對她說：

「你如果嫌老氣，把兩邊的夾子拿掉，就很自然了。」

符太太滿意的謝謝她。她的滿意不是頭髮，而是在那麼多顧客面前，那份被尊敬的傲氣，她沾沾自喜的想，平常大方的犒賞沒有白費。

回到家裏，匆匆的換了一件預先選好的衣服，著實打扮了一下；符先生看看她的頭髮，和剛才差不多，他不知道太太出去一趟幹什麼。

「你幾點鐘回來？等會他們來了怎麼安排？那麼多人去飲茶，怎麼搶得到位子？」

「我已經叫老四他們先去找位子了，他找好位子會打電話回來，我們再去，保證不會像去年母親節那樣搶不到位子了。」

符太太知道她先生最怕站著等人家吃完才有位子，所以先給他吃一顆定心丸，免得他耽心。

「我會盡早趕回來，萬一電話來了你們就先去好了，我會趕去的。」

符太太吩咐完畢，匆匆趕到教堂。教堂裏幾乎都是熟人。今天是母親節，姐妹們都比往常穿戴得漂亮。牧師拿本聖經站在大門口和靄的笑著迎接大家，符太太趨前和牧師握手，牧師懇切的握著她：

「恭喜你節日快樂，你今天真漂亮，誰會相信你當了祖母外婆了。你的家人都好嗎？」

「謝謝你，大家都好。」

符太太打心底裏接受這份祝賀，因為她來的時候已經在鏡子前站了幾分鐘，自己看來都很滿意。旗袍裏面的束腹使她的腰挺得很直，她相信自己的姿態一定很高雅。她愉快的和朋友們打招呼，入口處的桌上放著一籃康乃馨，她忽然嚴肅起來，拿了朵白色的康乃馨插在胸前，態度莊重的打開皮包，拿了張百元鈔票恭敬的放在奉獻箱裏，跟隨著大家走入座位。她虔誠的禱告，莊嚴的唱詩，卻不能專注的聽牧師證道，因為，她一心想著家裏，總想快一點回去。一散會，她沒有像往常一樣的向牧師道別就匆匆的趕回家。家裏好熱鬧，大家看見她回來都很興奮的叫起來，幾個孫子把康乃馨獻給她，桌子上堆滿了東西，大包小包都是母親節的禮物，樂得符太太合不攏嘴。

「媽，這是你最喜歡吃的香港甄占記椰子糖，我妹妹親自去那家買的，絕對正貨，還有杏仁餅、朱古力，都是你喜歡的。」

「媽，我帶了個鮮奶油蛋糕，我特別叫他們加了四兩核桃，保證您滿意。」

「媽，我帶了隻土得不能再土的烏骨鹽焗雞，放在冰箱裏，已經斬好了，隨時可以吃。」

「媽，我又帶了件泰絲來，這次一定要叮囑師傅千萬不能再做錯了。」

符太太高興得團團轉，符先生卻默默的坐在角落裏：

「超凡，你坐那麼遠幹什麼？不是送給你的東西你也可以過來看看呀！」

「我是在看，你沒看我連眼睛都不敢眨一下嗎。」

「你坐那麼遠怎麼看？難道你吃醋不成？」

「我怎麼敢吃醋，我只是在耽心，耽心你的肚皮怎麼裝得下這些東西？」

「這些東西也不是一下就要吃完的，擺著慢慢吃。」

「快快吃慢慢吃遲早都是給你吃光，這樣下去，呵呵！」

「你自己不吃零食，你要當和尚難道別人也要跟你去出家不成？我辛辛苦苦的養大他們，母親節他們買些東西來孝敬我，你也看不順眼？」

符先生忽然想起自己的母親，在那麼困苦的情形下，母親獨力的養育他們兄弟幾人，父親長年不在家，母親要負起一個大家庭的責任。侍奉公婆、照顧田地……。他記起小時候在縣城讀中學，母親還挑米到縣城裏給他吃。後來他們長大了，母親還是默默的照顧著她的兒孫，一直到老，從來沒有聽母親說過辛苦，也沒有要我們特別的回報她。那時候的母親，根本不知道自己的存在，更談不上過母親節！符先生看著他的太太，神態忽然落寞起來。他的女兒看見他不說話，還真的以為爸爸不高興。

「爸，你需要什麼告訴我們，我們等會就去買。」

符先生聽孩子這麼一說，心裏倒覺得好笑，今天是她的節日，怎能惹她生氣呢？

「小妹，剛才是誰打電話給你媽？你怎麼不和媽媽說？」

「哦！爸爸不提起我倒忘了，媽，是黃伯母打電話給你，叫你下午去她家打牌，我說您或許不能去，我們中午晚上都要出去吃飯，她說不管，一定要您去，她說等會再打電話給您。」

符太太聽小妹說完就匆匆跑出去撥電話：

「喂！麗娟呀，今天不行……我被他們綁票了……中午去飲茶，晚上他們也訂了桌子……什麼？……這樣子呀……我看看情形……好吧……我盡量早來……。」

符太太放下電話，一付無可奈何的得意神態：

「麗娟也可憐，先生在國外，孩子通通不在面前，母親節冷冷清清的，這樣好了，等會飲完茶我就去她家轉一趟，盡量不玩，你們飲完茶也回來陪爸爸看看平劇，晚飯前我一定趕回來。」

「媽，好了，我們可以走啦，我還沒吃早餐呢！」

「好的，我去換件衣服就來，老四來電話了沒有。」

「來不來電話我們都該去了，一定搶得到位子的。」

符先生已穿好衣服，他看看太太：

「你今天已換過兩件衣服了，這件就很好，還要換？」

符太太不理他匆匆的換了那件新做的瑞士綢旗袍出來，大家都「嘩」了一聲：

「奶奶好漂亮！」

「外婆好漂亮！」

符先生縐縐眉頭，舉起手臂看著太太：

「雁芳，你看我這裏長顆什麼？」

符太太果然上前細細的看看，看不出什麼來：

「沒什麼。是汗斑？」

「不是。」

「是什麼？」

「雞皮疙瘩。」

符先生的話惹得大家都笑起來。

到了茶樓，一片人海，熙熙攘攘，喧囂不已。符先生最怕趕這種日子飲茶。就算有位子也難擠得進去。符太太則不然，只見她四處張望，她倒不是找座位，只想找熟人打個招呼。老四在向他們招手，他們找到一張圓桌，大家坐齊，點心半天都不來，小孩子等得不耐煩，幾個大男生只好到廚房門口等，點心一出來就親自端過去。飲茶到了這種地步，難怪符先生直搖頭。

符太太人在飲茶心裏又想著黃太太，大家看她不斷的看手錶，也都囫圇吞棗般地把肚子填飽算數。

走出茶樓，符太太的兒子親自開車送她去黃太太家。符太太最喜歡坐兒子的車兜風。她覺得這是她養育兒子最大的收穫，她覺得很安慰，也覺得很神氣。

符先生帶著不想看電影的孩子們回家去了。一回到家他就感到輕鬆愉快，可以自由自在無拘無束。平劇時間還沒到，他叫女兒燒開水，泡一壺自己專用的茶給他。他的女婿拿出棋盤來擺上，陪他下棋，他最不滿意幾個兒子都不喜歡下棋，使他找不到對手：

「文中文右你們也來看看，跟你姐夫學學，男人應該學學下棋，對你們處事做人很有幫助。」

符先生的兒子聽話的坐在一旁觀看，符先生一邊喝茶一邊移動著棋子，滿意的喝一口哈一口：

「這才叫茶，現在的飲茶太不像話了，點心差，茶更劣，還要打破頭的搶位子，我真不明白你們媽媽為什麼那麼欣賞這個調調。」

大家都沒有說話，他們繼續在下棋，隔了一會，符先生又慢吞吞的說：

「你們孝順母親很好，可是方法不對，我看你們專挑好的買，以洋貨來滿足母親，把母親的胃口越弄越大，她現在是非洋貨不要，這樣不好……。」

「我們有能力買，又是母親最喜歡的，這又何妨？」

「我認為不好，你們以為孝順，其實反而害了她，你們一定看見母親日漸發福的身材……。」

「年紀大的人都是發福的，你看那個上年紀的媽媽不胖？」

「不是這樣的，我不希望你們的努力就把母親變成這個樣子，你媽媽以為她活著的世界就是她現在所看見的這一切，她以為只要到教堂去禱告世界上就什麼罪惡的事都沒有了……。」

「媽媽去教堂有什麼不好？」

「我不是反對她信教，而是覺得她不切實際，既然篤信宗教就應該生活儉樸，注重心靈的修養。所以，我希望你們對母親的孝順要用另一種方法，不是光買好東西就了事……。」

「那要怎麼樣？」

「要多回來陪陪她，你們都受過很好的教育，把你們的知識灌輸一點給母親，讓她也關心國家的處境，世界的轉變。要她知道油價漲我們就不能坐汽車，水位低我們就不能用抽水馬桶。陪她去參觀各種展覽，特別是能轉移她興趣的展覽，讓她知道除了她那些有錢的朋友之外，其他女人生活的內容。這很重要，只有你們做兒女的能改變她。」

「爸爸今天怎麼忽然想到這些來？」

「我早就想到了，只是沒有機會跟你們說而已。還有，今天晚上的酒席就不應該訂的，你們姑嫂幾個人難道就做不出菜來，你們只是懶得動手，貪圖方便省……。」

「爸爸的意思是現在把它退掉？」

「那倒不必，你媽會不高興的，我是說以後你們多多注意就是……。」

「爸爸，您才要多多的注意呀！您的馬跳不起來，我將軍，看您怎麼走？」

符先生注視他的棋子，果然走不動了。

「爸爸在講話，你乘人之危，贏了不算數。」

「不，我雖然在講話，可是我還是下得很謹慎，它這一步棋下得很高明，我得再仔細的看看。」

符先生在沉思，門鈴突然響了，門開處，符太太和大兒子回來了，大家都很奇怪：

「咦，媽媽怎麼這麼快回來？沒打牌呀？」

「我們剛到她家又來了客人，我就讓給他玩了，真是求之不得，我自己家裏那麼熱鬧，我趕回來吃蛋糕，你們有沒有切來吃呀？」

「小鬼吵得要命，不切給他們吃行嗎？」

「對，要趕快吃掉，化了可惜，拿出來大家……。」

「爸，平劇來了，要不要看？」

符先生又看看那盤棋，一聲不響的站起來走開了。走了兩步又回頭看看他的女婿，看他還正襟危坐等著他投降。

符先生對他笑笑：

「這不是走了嗎，就是這樣走的。」

拜壽記

清晨五點，我就催妻起床。八點的火車，其實是不必這麼緊張的，就因為她一向是慢郎中，經常是出了門還想起瓦斯未關的人。早點叫她準備，免得到時又怪我催促。

這次出門，對我家來說，是件大事。為的是給媳婦九十歲的祖父拜壽。這幾天，為了買禮物，就已經忙亂了好一陣子。昨天，兒子世光與媳婦月娥帶著兩個孩子先回去了。果然，我又催了好幾趟，才鎖上門，匆匆趕到車站，火車已經進站了，剛坐定，車就開動，好險。

一路上，看看書報、聊聊天，又有冷氣，時間倒也過得快。到了中壢，世光和他的妻舅廖大成開車來接，不必再轉客運了。經過世光的介紹，才知道他這位妻舅是新歸國的博士，他的弟弟也在讀研究所，農家子弟有此成就很不簡單。老妻小聲的問我：

「怎麼我們不知道這些？」

「月娥好像有說過，只因為我們一向不太注意這些事情，所以才不清楚。」

老妻默然不語，把頭轉向車窗外。我瞭解她的心情。她不是勢利人，就是思想有點陳舊，當初兒媳的婚姻她就曾經反對過，她認為習慣不同，會顯得格格不入，雖然後來媳婦推翻了她的成見，她仍然無法改變她的思想，對媳婦的家庭仍然漠不關心，冷淡如初，逢年過節或遇喜慶之類也只叫媳婦送份禮了事。這次如果不是我下的決定，她仍然是不會來的。

世光沿途為我們介紹風景及這幾年繁榮的情形，言談中，知道大成的三個哥哥都種田，到了大成讀中學的時候家境慢慢轉好，後來賣了部份土地家裏才改變得較快，他和弟妹們才可以順利的升學和深造。聽他說話的語氣，雖然喝過洋水，仍然保持鄉下人的坦率，我喜歡這種年輕人。

我們雖然來過這裏，但對這裏仍然陌生，上一次來純粹是辦喜事，來去匆匆根本沒有對其他的事物留意，只知道是偏僻的鄉下，屋舍疏疏落落，附近的景物也沒有閒情欣賞，月娥的家人也認識不多，就連今天這位老壽星也沒有見過，很說不過去。

車子轉入鄉道時慢了下來，似曾相識的相思樹和茶園映入眼簾，隱約記得有一段顛簸的石子路的，世光說就是這條平坦的水泥道。車子左彎右拐的眼前出現一個魚塘，塘旁一排竹林，竹林後邊就是他們的家，一座標準的農莊。車在屋前的廣場停下來，廣場上搭了帆布帳蓬，堆著很多桌椅，一張長桌上圍著很多人，像是在做菜，笑聲哈哈，很熱鬧，屋簷掛著紅布，顯得喜氣洋洋。月娥陪著她父母迎了出來，多年不見，他們的樣子都有點模糊了。

「歡迎歡迎！親家實在厚意，不敢當不敢當，請裏面坐、請裏面坐。」

親家母站一旁木訥的笑著，親家公則非常熱烈的和我猛握手，他躬腰，我也躬腰，旁邊還有很多人，我們熱烈的推讓著向屋裏走。客廳裏很多人，親家一一介紹，幾乎都是親戚。剛坐下有人捧了一盆水到客廳來給我洗臉。太客氣了，大概是鄉俗如此。親家公親自遞煙遞茶，他一頭灰白短髮、又粗又濃，身體仍很結實。親家公是鄉民代表，所以國語講得還可以，我們可以直接交談，他懇切的看著我：

「親家，你這麼遠來為我阿爸祝壽，我非常感激，我們鄉下房子太簡陋，不敢招待二位，我已經叫兒子在大街上的高級旅館開了房間，晚飯後再叫我兒子開車送二位去休息。」

我曾經問過月娥，知道她家有客房可以住：

「如果不太打擾，我倒希望在府上住一晚，我想參觀府上的環境，也好領略農村的風光。」

「親家不嫌棄我們當然感到非常光榮，客房是早已打掃好，二位先去看看再決定好了。」

我叫世光陪老妻去看看，順便休息一下，客廳人多她是不習慣的。我繼續和大家聊聊，忽然想起該先給老壽星拜壽，連忙轉向親家公：

「我們要先向老壽星拜壽請安，老壽星呢？」

「呵呵，多謝多謝，阿爸剛才還在這裏，大概又去看豬了，有條母豬要生產，他不放心，一天去看好幾趟。」

「阿公這麼大的年紀還要他照顧豬隻麼？」

「你不知道我阿爸對養豬最有興趣，也最內行，到現在我的親友要買豬的時候還要請他看過才買。你看牆上那些獎狀就知道了，都是我阿爸的成績。」

親家面現得意之色，我還沒有注意到牆上的獎狀，於是上前仔細的看清楚，果然是歷年神豬比賽的獎狀，還有神豬的照片，好壯觀。另外還有幾張陳舊了的獎狀，細一看，原來是摘茶比賽的，親家神態傲然的笑著說：

「那是阿媽的獎狀，她當年是摘茶能手，只要有比賽她都參加，有參加就有獎，她今年也八十六歲了，身體還很健康，就是去年跌了一跤，現在走路不大方便。」

「我可以拜見令堂大人麼？」

「當然可以，這幾天她身旁圍滿了兒孫曾孫輩，好高興。」

我跟著親家穿過幾個房間，在廚房外的長廊上，看見一位穿戴得整整齊齊的老太太，坐在籐椅上怡然的看大家做菜，身旁一張小凳子，放著半小碗黃色的粉末，老太太正用一只小茶匙舀一點粉末倒進嘴裏。親家上前彎腰對她說了幾句，她抬頭看看我，動了動身子，張嘴想說什麼，粉末由嘴裏掉下來，那模樣，很好笑。好像在那裏見過，忽然腦海裏閃過一個模糊的影子，一個模糊了很久的影子來。離開家鄉的時候，祖母不就是這個模樣麼？我一時惘然，不自覺的蹲到她面前，忘了自己也是年紀一把了。親家也蹲了下來，我抬頭看著她，多熟識的臉龐，同樣的皺紋、同樣凹進去的嘴……。心裏一陣悱然，鼻子酸澀起來，連忙拿起那個碗來故意的翻攪著，親家笑著說：

「我阿媽最愛吃花生，大概是年輕的時候花生吃得太多，牙齒全掉光了，不能吃啦，我內人只好把花生米炒香，碾成粉、拌了糖給她吃，就是這碗裏的東西。」

親家的說話引得大家都笑起來，真是有福氣的老太太。我輕輕的摸摸她那雙滿佈青筋、滿戴金飾的手。她忽然脫下一隻戒子，嘴裏不知說些什麼，親家解釋說：

「我阿媽說月娥對她很好，這是月娥買給她的。我阿媽就是喜歡戴金器，這些都是兒孫們孝敬她的，她全戴上了。」

我為她套回戒子，慚愧的站起來。她牽牽我的手，眼睛不住的看著我，不知又在說些什麼？親家說我阿媽叫你要時常來玩，等會要多喝兩杯……。我心裏又是一陣戚然，多久沒有聽到這種親切的叮嚀了。當初叩別慈親來到臺灣的時候，還是一個三十郎噹的大孩子，轉眼間，已經變成一個哀哀老頭了。面對著這位慈靄的老母親，真想撲到她懷裏痛哭一頓……。我自制著，盡量展出笑容輕輕的拍著她的手：

「我以後會時常來看您的，祝您老人家添福添壽。」

回到客廳，親家遞給我一杯茶，這種山泉沖泡的茶別有風味，我慢慢的品嚐著，也慢慢的把剛才的感觸沖淡了。

吃過點心，親家提意陪我出去走走，我看滿屋都是人：

「你今天客人多，不敢再勞駕了，你還是招呼其他客人吧，我等會叫世光他們陪我去看看就好。」

「客人中午已經來過了，我們鄉下交通不方便，客人都是中午來的多，所以我們開流水席，不限時間。」

我正打算跟親家出去，聽到嘈雜的聲音，兩個孫兒滿頭大汗的衝了進來，後面跟著好多人，老妻笑瞇瞇的喘著氣，我還來不及問他們，小孫就搶著說話了：

「我和外婆帶奶奶去看牛牛，好大的牛牛，奶奶嚇得要命。」

「有一隻鵝要咬奶奶，我用棍子打牠，我不怕鵝鵝。」

「爺爺，你怕不怕牛牛？」

「當然不怕。」

「走，我帶你去看牛牛，看你怕不怕？」

糟糕，應該說怕的，真是自找麻煩。兩個小傢伙不由分說硬拉，只好跟著他們走，他倆向前跑，來那邊還有個魚塘，聽說桃園魚塘多，果然名不虛傳。他倆跑到塘邊指著魚兒拍手大叫，真怕他們會掉下去。好在大家都跟來了。親家得意的說這個魚塘是他幾年前才開闢的，當時只是看中那棵大樹，覺得在樹旁開個魚池也不錯，沒料到開了魚塘吃魚倒是方便了。他問我吃不吃生魚，他說有些朋友來看他，其實是專誠來吃生魚的。我說這種東西，不敢領教，也不合衛生、少吃為妙。他聽了哈哈大笑，一定是笑我太土包子了。他叫我明天一早起來看魚，早上看魚最有意思，看得很開心。他告訴我草魚喜歡吃草，所以他一有空就去割草餵魚，這已經變成他的一種樂趣了。我真後悔沒有早些來看他們，分享這種情趣。我讚佩他把家庭處理得很好，不簡單。現在很多農家人都向外發展了……。他面帶憂戚的笑笑、掏出煙，為我點上一支，左右看看，似乎怕有人聽見。他小聲的說農家子弟不能都讀書，否則田地沒有人耕，也不能不讀書，否則不會那麼受人尊敬，也會被人欺侮。他的長子很珍惜田地，他的長孫也農專畢業了，對耕田也很有興趣，這是他最感安慰的。老二、老三則不同，認為耕田太辛苦，一度想賣了田地搬出去做生意。他不同意，後來還是賣了部份土地買了耕耘機、小貨車，把家裏充實起來，他們學會了用機器耕田，知道種田不是落伍的工作，一樣有前途。才同心合力的。不過將來還是要分開的，子孫多了，時代不同，不必勉強大家做同一樣的工作，過同一樣的生活。不過分地對老人來說，是一件傷感情的事，所以最近幾年他不會那樣做，他不能讓他阿爸看見他把田地分開……。我不知道親家為什麼要對我談這個嚴肅的問題，不過他把我當老朋友推心置腹的傾談，我很感激。想不到我剛剛才羡慕過的世外桃園的主人，也有一份隱憂。

我們一邊談一邊參觀他的田園，越看越令人羡慕，到處都是安靜祥和，到處都令人駐足留連。我們繞到魚塘的另一邊，遠遠的看見老妻和兒媳在竹林下聊天，好像在討論什麼。我走到老妻身邊，她臉上掛著異樣的神采。

「彥明，我忽然有個想法，我好喜歡這條小溪，等你退了休，我們也找一塊這樣的小園地，蓋一間平房，種些菜、養些雞，不必每天爬那公寓的四層樓梯，好麼？」

「當然好，只怕你放不下兩個小孫，三天兩頭的往城裏跑，豈不更累？」

「我當然把他們帶在身邊一塊住。」

「那世光他們呢？他們是要上班的，孩子也要讀書，怎能跟我們住在鄉下養老？」

老妻的臉色又暗下來。有人走來請我們回去吃飯，我們才依依的向回走。回到屋裏，酒席也擺好了。有位鬚髮皆白的長者神采奕奕的坐在客廳與人聊天，世光說那位就是阿公，我急忙上前，向他深深一揖：

「阿公，恭喜您福如東海，壽比南山。」

壽星公也急忙站起來，不斷的拱手為禮，他一定已經知道我們是誰了，只見嘴裏笑呵呵，神采奕奕的動作靈活，看不出是九十歲的老人。他招手請我們坐。滿臉壽斑，全白了的鬚髮襯著古銅色乾皺皮膚，乍一看，倒有點仙道的飄逸。他眼睛很精神，沒有一般老年人的混濁，就是說話不清楚，可能是聽不懂的關係。他的孫兒為我作翻譯：

「阿公說謝謝你送他那麼多禮物，特別是那兩瓶總統壽酒，瓶子好漂亮，他捨不得喝，留起來看看。」

我不斷的向他點頭微笑，我指指牆上的獎狀，豎起大姆指，阿公笑得更開心。

晚餐很熱鬧，光是親戚就十幾桌。另外幾位親家也見到了。到現在我才知道我這個自己不以為意的「官」，還是蠻受人尊敬的。酒席非常豐盛，親家還客氣的說雞鴨魚肉都是自己的，粗菜粗菜，不成敬意。我看見菜肴的配料都是名貴的東西，一般酒席是難以吃得到的，我好奇的問親家：

「看你們的生活享受和酒席，我覺得你們這樣的農村真是太富庶了，不知道其他的農家是不是也一樣？」

「這就要看各人的努力了，現在的農村幾乎沒有所謂貧瘠之地，就看你肯不肯下功夫……。」

親家不愧是鄉民代表，說話很有分寸，句句中肯。

我看阿公不斷的吃那碗花生燉蹄膀，蹄膀白溜溜的，燉得像豆腐，阿公一匙匙把肉送到嘴裏，我猜想一定很好吃，只是不敢吃肥肉，嚐了一點湯，原來是甜的。親家大概見我淺嚐即止，說那是冰糖燉蹄膀，老人家吃最好，他阿媽也很喜歡吃。這真令我迷糊了，現在的醫學一直反對吃動物脂肪，特別是老年人，更不宜吃。可是，人家阿公今年九十歲了，身體那麼健壯，你能說他不宜吃嗎？天下事真是不可思議。

我本不善飲，別人勸酒，也就顧不得那麼多了。於是乎，飄飄然的，連怎麼上床的也一無所知了。

今早醒來，天已亮，想起昨天親家之約，匆匆趕到魚塘，親家已割好草在等著我，看著他把草倒在塘裏，魚塘起了一陣騷動，幾乎滿塘都是魚，看得我心花怒放，開心極了。如果不是說好今天回去，我真不想離去。為了趕時間，早餐後便上路，親家母拿了一大包東西殷殷送別，我看她對老妻說了些什麼？我問月娥，她靦腆的笑著說：

「我媽說我什麼都不懂，要媽媽好好的教我啦。」

多好的家風，我們真是有福了。

仍舊是由大成開車送到中壢，我向兩位老人道別，阿婆仍然是那雙叮嚀的眼神。阿公也依依的一直送到車門口。

托他老人家的福，也叨他老人家的光，他的壽辰給我們家帶來那麼多的快樂與感受。我打心底裏虔誠的祝福他「壽比南山」。

我緊握著阿公的手：「謝謝您全家的招待，明年您老人家的壽辰我再來，以後每年您老人家的壽辰我都來。再祝福您「福如東海、壽比南山」。」

喜上眉梢

寒流遠颺，天氣轉晴。

昨天氣象報告是這麼說的，半夜裏起來就感覺到氣溫已經回升了。今早醒來，看見窗縫裏透著一條白光就和往日不一樣，拉開窗簾，果然是一個晴朗的好天氣，淺藍色的天空，飄浮著朵朵白雲，輕快的遊向遠方，陽光軟綿綿的穿過薄薄的雲層，透過玻璃窗輕輕的照了進來，把這個原本冷冷清清、毫無生氣，像個冰宮似的家溫暖起來了。我凝望著窗外，忽然間感覺血液暢流、呼吸舒展，心裏好像有什麼鴻圖大志都可以伸展出來似的舒暢。好個和善的冬天。

那個她也起來了，是星期天，她要去做禮拜，所以仍然起得很早。不知道什麼時候她已悄悄的站到我的身旁，語調平淡得感覺不出一絲韻味：「噢！果然天晴了，這麼好的天氣，你想想看找些什麼事情來做做省得你無聊。」

難得她想起我來了，我們併肩站在窗前，很難得的片刻，但願這片刻變成永恆，我們永遠都不要走開。可惜，她說完就離開了。唉！這種事還需要你吩咐麼？我何嘗不想找些事情做做，但是，這個家就我們兩個人，到處都整整齊齊，有什麼好做的？

自從勞神的工作和重荷的生活負擔都卸下來以後，我這輛在人生的道路上奔波了幾十年的老爺車，就這麼一下子被丟到廢料場了。我不相信我不能再跑，也曾拜托朋友找過好幾個工作，都怪自己的肚量不夠寬宏，無法適應被年青人指使而拂袖而去。看來我只好就這麼窩在家裏享福了。享福也不是簡單的事，很多生活上的變化不到那個時候是無法預料的，想不到的事情太多了。我的生活一下子閒散得無法排遣。老么未走前，日子還好過，他善解我心，每日盡量找時間陪我，和我們下跳棋，陪我們參觀臺北近郊的名勝古蹟，生活充滿了樂趣。後來，他也走了，生活也就變得枯燥無味了。

「我們來玩玩五子棋好麼？」

老伴也會下棋，是老么教她的，有一天我這麼邀請她：

「哎呀！我一天忙到晚，連睡覺都要想事情，誰有空玩這種費時傷腦的遊戲……。」

是的，她的確是太忙了，當初孩子們一個個離開的時候，她也曾消沉過一段時期。後來，她由頹唐中醒來，把全部的時間都奉獻給教會，於是，每日都有聚會、訪問、服務、印寫刊物等等事情，簡直忙得不亦樂乎，把我們生活上物慾的享受都拋諸腦後。她這種思想行為上的改變，給了我很大的震撼，有什麼比連私生活都不能享受的男人更大的悲哀呢！

她似乎也知道我的苦悶，為我想出了解決之道：

「你也可以到教會去找點事做做，我們有查經班、禱告會、弟兄聚會等等，去了，就有朋友了……。」

我沒有她那麼偉大超凡的思想，我只想做一個平平凡凡的人，享受平凡人能夠得到的享受。退休前我就曾經計劃過了，譬如等我們的荷包充實以後我們就可以相偕去各地觀光旅遊，順便看看多年不見的親戚朋友。參觀畫展、看看花展、聽聽唱片、弄些可口的菜肴小飲兩杯，晚上一同看看電視，或是到外面散散步，這種都是與人無害，調劑身心的享受，不算奢侈，也不是苛求，想不到都被她否決了。她像上了癮似的整天都是教會、教會、教會。已經無視於我們夫妻的共同生活了。她不在家，屋子裏整日靜悄悄的，我就像一個被判面壁的和尚，獨自一人在屋子裏轉來轉去，看到的都是牆壁，這種生活真不是滋味。就像今天，這麼好的天氣，如果她不去教會，我們可以去百貨公司走走，到處都是年終大減價。快過年了，家裏一點過年的景象都沒有，多少也該添購些應景的東西才好。可能她已經忘了過年的事了。如果是若干年前，臘月已近尾聲，正是一家人最忙碌的時候，過個年有多少事情要忙碌，現在想來，那種忙碌才是最大的享受。

她在廚房裏弄早餐，不看也知道是什麼東西了：

「來吃早飯吧，吃完我要走了。」

飯桌上永遠是老樣子，泡飯、醬菜，絲毫提不起食慾的早餐：

「給我一個荷包蛋好嗎？」

「你這個星期已經吃過兩個了，已經……。」

不給就算了，不必又來那一大套教訓。她那一大堆理由搬出來我可受不了，什麼蛋白質過多，膽固醇過剩……連吃個荷包蛋都受限制，未免過份了。想起來我這一輩子也真不幸，做小孩的時代不被重視，吃飯時不但不準上桌，甚至連精緻點的菜也不准吃，說是糟蹋了。及至長大，又遭逢戰禍，物資缺乏，能吃飽已屬不易。等到有了孩子，眼看他們被課業壓迫得面黃肌瘦，只有盡可能的把營養品給了他們。如此這般，只有現在才可以說是我這一生可以享受物質的黃金時代，卻又被太太關懷得無微不至，她把平時打聽到看到的有關醫藥方面的報導都用到我身上來了。這叫我怎受用得了？據她說，完全是為我的健康著想，她對我的飲食控制得很好，每天的飲食都是清清淡淡的，絕對不會傷脾胃。我抽煙她耽心我會得肺癌，幾經討價還價，最後規定每天不准超過十支。她握經濟大權，等於她是老闆，只好聽她的。我喜歡飲兩杯，她耽心我會得肝癌，於是逢到可以找到藉口的日子，也只准喝點啤酒，這種不合時宜不近情理的作法，幾乎令我無法接受，但又能奈她何？動物脂肪她說會阻塞血管，會變成動脈硬化，所以飯桌上從來不曾見過大塊文章，經常都是輕描淡寫的弄幾條肉絲炒點什麼的。說得坦白點只能給我養命而已。她原是個烹飪能手，可惜已經洗手了。天天清湯寡水的要我講求養生之道，唉！這樣的生養來何用？

我有一位朋友，已經七十多歲了，不知道生了什麼病，醫生限制他一天只能吃一頓稀飯，他本是一個美食主義者，現在也只好挨餓了，他的家人也無可奈何。我去看他時，他說挨餓的滋味實在難受，不如死了算了。結果是死了。我猜想真是餓死的。七十幾歲了，要說死也沒有什麼不得了，千不該萬不該，不該是死在福祿壽喜的福份裏。這不是現代人的悲哀麼！我雖然不像他那麼悲慘，想來也差不了多少了。

我一生辛苦的奮鬥，努力的追求，所為何來？好不容易熬到孩子們也有錢寄回來，我們的存款也不斷增加，她也可以注意房地產的動態了。但是，這一切都與我無關，我只希望能吃得寫意一點，她多匀點時間來陪陪我，我就心滿意足了。那才是我真正希望得到的享受。這些枝枝節節點點滴滴，也曾和她爭論過，她自恃在這方面懂得多，甚至有經可引，有典可據，所以，總是她的理由充足，我和她爭辯，永遠都是無法獲勝的，很多事情都不必說了，說了只有傷感情。算了，她規定一星期只能吃兩個蛋就讓她嚴格的執行吧！少吃個蛋也沒有什麼不能過去的。也不見得人生除了吃就找不到其他樂趣吧！吃完泡飯，還是看我的報紙，幾篇連載小說都到了緊要關頭；杜三爺昨天被困在客棧裏，今天不知道花七姑會不會趕來搭救他……。

她已經整裝待發了：

「我們約好星期天去醫院看幾位姐妹，萬一趕不回來，你先吃飯好了，我米已滔好，到時候把電鍋按下去就可以了，鍋裏有肉餅，蕃茄白菜湯也弄好了，吃時熱一熱就好。我走了，我外邊曬著一條毯子，別忘了把它收回來……。」

午餐她是一定不會回來吃的，說了一大堆話無非是向我客氣一番：

「晚飯呢？」

「我會回來弄，萬一又有什麼事情，你就把剩下的熱一熱吃好了，我中午的飯煮得較多，就是以防萬一。」

那盤肉餅不看也知道有多少份量，半張開口也可以把它吞下去的……，我盡量摒除一切雜念，把全部精神集中在報紙上。不知道為什麼會忽然後悔起來，後悔不該那麼任性的隨便放棄了已經得到了的工作，如果當時思想麻木點，現在也不至於那麼孤寂無聊了。

她走了，關上了門，又是漫長的一日……。

剛剛為自己泡了杯茶，還未坐下，門鈴響了，不可能有客人來的，會是誰？

門剛打開，只見她興奮的衝了進來，手裏拿著一封已經拆開的信，眉毛眼睛全笑了：

「大妹要回來過年，帶著她的兩個寶貝一起回來，機票都訂好了，下月三號到，這該怎麼辦？怎麼辦？」

她的聲音發抖，吐字急促。我也不知道該怎麼辦了，消息來得太突然，我只覺得腦袋發脹，全身麻木，兩手完全不聽使喚的奪過她的信來，眼睛就是這麼不爭氣，擦了又模糊了，眼鏡呢？妳把我的眼鏡藏到那裏去了……？

大妹的字跡有點怪，大概她寫信的時候，情緒也和我們現在看信時一樣不能鎮定：

「……因為一直無法確定是否能回來，所以不敢先稟告，怕到時候走不成令您們失望……五年了……太興奮了……這幾天一直夢到吃媽媽親手做的香腸、臘肉、蘿蔔糕……真希望二弟他們也能回來，他是爸爸寫春聯的好幫手，記得那時候爸爸寫、他貼……我三號回來，還可以幫忙，有什麼事情留待我回來做吧，這些年我們不在家，沒有人幫忙，過年可把您們忙壞了……不知道媽媽今年做了多少香腸臘肉，我要吃得過癮……。」

她把信搶回去：

「我還沒有看清楚，再給我看看，我讀得比你快……為了不讓您們操心，很多手續瑣事都是請傅小雲去辦的，問她就可以知道詳細的情形了……。」

是了，有一天大妹的同學傅小雲來過，說是來看看我們的，還問我們有沒有什麼事情要她服務，原來如此。這真是喜從天降，沒有比這件事更令人興奮的了。幸福扣門是沒有腳步聲的，就這麼靜悄悄的說來就來了。

她拿著信看了又看，那喜上眉梢的神態比冬天的太陽更溫暖、更可愛。

我瞥一眼牆上的掛鐘，已經過了做禮拜的時間了，我不想提醒她，我希望她今天不要去。

她忽然放下信站起來，在房間裏轉來轉去，這間瞄瞄，那間看看，猜想她是想要大大的調動一番了。我興奮的跟在她身旁：

「要做什麼盡管吩咐，我二十四小時待命。」

她沒有理會我，那是她的老樣子、老毛病，她只要一忙碌，就把全部心思都放在工作上了，我不忍心看她錯過了做禮拜的時間，還是輕聲的提醒她：

「做禮拜會遲到了。」

她回頭望著我，沒有笑，卻掩蓋不了她內心的喜悅。我們的眼光多久沒有接觸了：

「今天不去了，三號就是下星期，要做的事情太多，我們過年的東西一點都沒有準備，來不及了，我得趕快。」

她忽然又想起什麼，急忙去翻看日曆：

「我得先去菜場看看，灌香腸可能還來得及，這麼好的天氣，曬三天也差不多了，曬臘肉的時間要多，要先醃幾天才能曬，我得趕快。」

她的聲音是那麼溫和悅耳，還以為她變了，想不到她還是她，原來的她又回來了。

「要我幫你去提菜麼？」

「不必了，趁天氣好，你趕快把櫃裏的棉被拿出來曬一曬，被單也要再洗過，不趕快就來不及了。」

她拿起菜籃就走，我送她到門口，要關門的時候她又回頭來看看我，綻顏一笑：

「平時看你說話的樣子，緊繃著臉，好難看，聽見女兒要回來過年了，則滿臉笑容，喜上眉梢，連我都沾光了。」

沒想到她會對我說這種話，我平時的臉色真的那麼難看麼？我還以為她的才難看呢！真是天曉得，天曉得。

管它呢！以後好看就好了。

趕快曬棉被去！

你噥我噥

混混沌沌的，終於到了木柵，下了巴士，吳超峰的火氣已經降了很多。他順著馬路向前走經過一間燒臘店，他又折回頭，切了一大包的燒臘，還帶一瓶竹葉青。出得店來，情緒幾乎已經正常了。找到地址，按了電鈴，半天都沒有動靜，莫非不在家？吳超峰又毛躁起來，用力又按了兩下，這才有了反應。門開處，多日不見似乎又發福了的佟太太笑聲朗朗的嚷了起來：

「哎呀；我道是誰？原來是吳主任來了，向福呀，你也真是的，我在後頭忙，你也不來開開門，整天只知道看報睡覺。咦？怎麼？又是你一個人來？太太呢？」

吳超峰苦笑笑，沒有答腔，逕自向裏邊走。

佟向福躺在椅子上看報看累了，正想小睡片刻，懶得起來開門，聽見是吳超峰的聲音，精神一振，忙不迭的爬起來招呼。老朋友終歸是老朋友，他一眼就看出吳超峰的神色不對，先不問他，請他坐下，為他點支煙，自己也點上一支對著他坐下來。他瞧著太太端來那杯茶，寥寥幾片茶葉，像小魚似的在杯裏載沉載浮，又是用昨夜開水瓶的溫水泡的，這種泡法，怎麼也泡不出香味顏色來。他瞥太太一眼，覺得太太的馬虎過份了一點：

「你去燒壺開水，我來沖壺茶，這杯茶如何能待客？」

佟太太瞟先生一眼，蹙蹙眉頭，不太願意的向裏走。吳超峰忙把那包東西遞給她：

「大嫂，加點菜，我中午在這裏打擾了。」

佟向福夫婦同時睜大了眼睛：

「你這是什麼話嘛！你來吃飯我們請都難得請到，你這麼客氣，不太見外麼？」

「誰跟你客氣來著，我是剛剛經過恰好碰上的，就在你們這裏轉角的地方，我上次來還沒有開張呢。我看它剛剛出爐，很新鮮，樣子也不錯，買點來試試，還有一瓶竹葉青，這種酒我覺得很不錯，就是比大陸的甜了一點。」

「我倒感覺不出來，那麼多年了，誰還記得那點差別。」

「唉！現在臺灣什麼都有，什麼都吃得到，真怕會變成樂不思蜀。」

佟向福聽他一開口就嘆氣，果然是有問題：

「這是工商業進步的現象，值得慶慰才是，你老哥怎麼又多愁善感起來？」

「光是進步倒也罷了，只怕大家酖於逸樂享受，人就會在奢靡裏沉淪，那就……。」

吳超峰言而由衷，說到這裏心事又湧了上來，端起茶杯猛喝一口，連浮在上面的幾片茶葉也吞了下去。佟向福看著他的舉動，也聽出他的話裏別有原因，一定又是和太太嘔氣了。既然他不說下去，就先把僵住的氣氛岔開再說：

「我們中午包餃子，你來得好，我可以陪你免吃餃子了。」

吳超峰莫名其妙的瞥他一眼：

「你那麼怕吃餃子？」

「不是怕吃餃子而是怕吃韭菜，可是孫兒們都喜歡吃，所以我就只好硬著頭皮填肚子，我這個老太婆是一切孫子至上，孫子是萬歲，丈夫就活該受罪。」

佟太太站著解那包東西的繩子，聽丈夫說她，乾脆坐了下來，用手指點著丈夫：

「你說話可要憑良心，我什麼時候怠慢過你？跟孫子吃醋也好意思說出來，不怕人家笑話？你在家裏只會當老太爺，什麼事都不管，連門都不去開，還要咕噥個沒完，真是的。」

「好好，不說、不說，吃餃子，我吃餃子，好了吧！拜托你先燒壺開水，我要沖茶，可以吧？」

佟太太瞥丈夫一眼，又向吳超峰笑笑，進去了，佟向福看著太太進去，做了一個無可奈何的表情。

「女人，這就是女人。」

吳超峰也笑了起來，他打心底裏感到羨慕。從前，他的太太也是這麼可愛的，現在呢？唉！別想了，想起就心煩。他拿起杯子又喝了一大口，仍然是連茶葉一起吞。佟向福看他心不在焉，不如讓他發洩一下，總比憋在肚子裏好，於是淡淡的問他：

「嫂夫人呢？還好吧？」

「在家裏打牌，當然好。」

「沒你的份？」

吳超峰最恨別人這麼問他，他有被侮辱的感覺：

「她們那些鬼花樣，我連看都懶得看。」

「就為這點事生氣的？」

「……。」

「跟太太生氣最划不來。」

吳超峰酸溜溜的瞪他一眼：

「你娶了位好太太，講風涼話。」

「你的太太還不好嗎？再說，好不好都過了幾十年了，還有什麼好計較的？」

「就是因為過了幾十年才發現她的自私、膚淺、冷酷無情，我才氣。」

「如果不介意就說出來聽聽，也許不致於你說得那麼嚴重。」

「哼！不值一提。」

「既然不值一提的事情，又何必要生氣呢？」

「……。」

佟向福看他不說話，也不再追問，到裏邊泡茶去。吳超峰本來是想找朋友聊聊天、消消氣，不想又惹起了他的憤怒來。想起剛才發生的事情，他的血壓就節節上昇——

幾天前，吳超峰和太太約法三章，這個星期天，風雨不改，撇開一切雜務應酬，兩人到故宮博物館去看看，順便拍些照片，因為兒女們送給他生日的照相機還沒有啓用過。他説過要把第一個鏡頭送給太太的，所以才一拖再拖。他太太也滿口答應了，還建議回來的時候，去看一位剛搬到外雙溪的朋友。

今天早上天氣晴朗，吳超峰的精神特別好，早餐後，一切準備就緒，正當要出發的時候，電話鈴響了，他太太接的電話，一開口他就聽出太太的口氣不對勁，越講他的心越寒，等到太太放下電話，一臉赧然的看著他時，他知道今天又是要黃牛了。

「怎麼？又變卦了？」

「下星期去好不好？下星期一定陪你。」

「下星期？哼，又是下星期？已經下了多少個星期了？」

吳超峰氣得滿臉脹紅，把相機用力的擲在茶几上，整個人跌坐在椅子裏。他太太愕然的看著他：

「真的是不得已，是陳太太打來的電話，她難得約我一次，我總不能就這麼拒人於千里之外吧！」

吳超峰壓制不住要衝爆而出的聲音，近乎咆哮的吼起來：

「你根本就沒有拒絕，拿起電話就巴不得人家馬上來。看來你們早就約好的，何必跟我玩這一套？」

吳太太自知理虧，陪著笑臉，聲音出其的溫和：

「你少冤枉人家，我衣服都換好了，會不想去嗎？實在是不便拒絕。我看打個電話，叫大妹他們來陪你去好了，免得掃了你的興。」

吳超峰一聽更加冒火，又由椅子上跳起來，指著太太：

「你還在乎掃我的興？算了，不去了，以後永遠都不去了。你儘管打你的牌好了。」

吳超峰氣唬唬的說完就回到房裏去，吳太太心裏過意不去，帶點歉疚的跟在後頭：

「其實，這麼熱的天氣，出去也受罪。上了一個禮拜的班，難得一天假期，不如在家裏開了冷氣，舒舒服服、輕輕鬆鬆的玩它一天，反而自在，等秋涼一點我再……。」

吳超峰不等她説完就把房門關上，不願聽她嘟噥下去。他換了衣服，伸出微抖的手在書架上抽出那本「東萊博議」，斜靠在他慣常坐的籐椅上，兩腳往茶几上一擱，隨即翻開了書本。他盡量壓制著自己、盡量的把呼吸調理均勻。

每逢吳超峰心裏不舒坦的時候，他都看這本書，讀讀古人的積鬱情愫，以舒展自己心中的煩悶。可是現在，他卻怎麼也無法安靜下來。

吳太太在門外站了一會，不在意的笑著走開了。反正她已經習慣了丈夫的脾氣。

吳超峰在房裏聽見太太叮叮咚咚的在廚房裏忙碌，大概是先準備午飯了。他心頭怒氣難消，把書本翻來翻去，不知該看那一篇好。

房門被推開了，吳太太微笑著端了杯新泡的茶放在吳超峰面前，看見丈夫在翻書，知道風暴又過去了。她的心境又明朗起來，緩緩的在他身旁坐下，聲音細細的：

「對嘛，在家裏看看書，練練字，多寫意，何必學他們年輕人一有假期就往外跑，弄得到處都是擠車的人，造成交通混亂，何苦來哉。」

吳超峰狠狠的瞪太太一眼：

「我看你真是無藥可救了，只要有麻將，就是天塌下來你也可以不管。」

吳太太斜睨著丈夫，一付不在乎的神態：

「奇怪了，我每天都上班，公餘之暇才玩玩牌，難道這也過份不成？」

吳超峰由鼻子裏哼一聲，不屑的看看她：

「上班？打牌？像你這把年紀，你應該在家裏多抱抱孫子才像話。」

吳太太未料到丈夫會這麼說她，有點氣憤，提高了嗓門：

「我為了貼補家用才不得不上班的，怎麼？上班上錯了？我做了一輩子盡職的母親，把他們帶到成家立業，這還不夠？還要我為他們的子女鞠躬盡瘁不成？我沒那麼偉大。」

吳超峰把書合起來推到一邊，表情木然的看看太太：

「很少見到像你這樣不要孫子的女人。你真自私，你的作風，叫人感到可恥。」

吳太太覺得丈夫用這麼重的話來責備她，毫無道理，為了不陪他出去就口不擇言，太不應該，於是態度變得強硬起來：

「有什麼道理非要我在家裏抱孫子不可？我們兒女那麼多，你說帶那一個孩子好？到頭來還會被他們怪我偏心，或是多管閒事。這種事我看得多了，就算我不上班我也不會那麼傻，跳到那個漩渦裏。我們現在過得清清靜靜，自由自在，回復我們幾十年前的光景，有什麼不好？你要看孫子，盡可以到他們家去看，何必非要把他們接回來，自己做牛馬，自找麻煩？」

吳超峰被太太的話震住了，他覺得問題相當嚴重：

「聽你的口氣，你打算永遠都不跟兒孫們住了？那麼我們退休以後呢？我們總要退休的？我們老了呢？我們病了呢？難道我們都不需要兒孫了嗎？」

吳太太看丈夫說得那麼認真，忽然哈哈一笑：

「哎呀，老先生，什麼時代了？你還想著床前孝子不成？我們手裏多留兩個錢倒是真的，有錢什麼問題都好解決。」

吳太太說話的時候，腦海裏出現了辦公廳裏那位退了休的老同事來，他的境況足堪警惕。夫妻兩人一生省吃儉用、培育幾個孩子都有成就了，結果又如何？到頭來依然是兩個風燭殘年的老人相依為命。前年老太太生了一場大病，他的兒女們有些回來看看就走，有些根本不回來，寄幾個錢回來了事。生兒育女到了這個地步，還有什麼好指望的？她對兒女不存厚望，就是免得將來失望。吳超峰不知道太太的感觸，只怪她變得寡情、自私、低俗。令人感到非常的心寒。一時情緒低落，他側頭看看坐在身旁感情麻木的太太，那一堆沒有光澤的黑髮下，隱約出現色彩斑斑的髮根，她又該染髮了。那略為白了一點的粉底，敷蓋在鬆鬆泡泡的臉龐上，卻仍然蓋不住半個多世紀風霜抹過的痕跡。又是一陣涼意襲上心頭，時光不留情，我們還能有多少日子好過呢？難道她以後都要把剩餘的歲月送到牌桌上麼？什麼事情使她變得那麼消極絕情的？他想質問她，又怕一開口火氣又衝了上來。雖然他時常都會對太太感到不滿，也不過是咕噥她幾句而已，很少像剛才那樣的衝動。所以，他盡量把語調說得溫和些，卻還是帶著激動：

「想不到像你這個一向嚴於律人律己，有抱負有修養的職業婦女，現在卻沉淪在牌桌上，知識份子也會把持不住，真是不可思議。」

吳太太明知丈夫在挖苦她，卻仍然振振有詞：

「應該說消遣，不能叫沉淪，我修正你的字眼。知識份子難道就不需要消遣麼？」

吳超峰無限感觸，他沒有想到一向連手帕襪子都為他弄得好好的太太，會變得那麼不可理喻，不由得嘆了口氣：

「消遣到六親不認，唯我獨尊，未免太可怕了。你有沒有想到，每當你沉迷在牌桌的時候，我該做什麼？你該不會把我也當你的兒孫們一樣，一視同仁，一腳踢出門外吧？」

吳太太訝然的瞥一眼丈夫，一時竟答不上話來。

低氣壓在房裏浮動。

還好門鈴響了，吳太太精神一振，急急站起來，又對著丈夫赧然一笑，匆匆的溜了出去。

客廳裏一陣嘈雜，跟著傳來了朗朗笑聲，吳超峰無可奈何的又把書本拿在手裏，卻怎麼也靜不下心來。往常，太太的牌友來了，他如果在房裏，會出去打個招呼、講幾句客套話。今天，他懶得出去了，也沒這個心情。外面說話的聲音太大，毫無顧忌，他想不聽也不行：

「你星期天不是要學會話麼？今天怎麼有空的？」

「算了，不學了，舌頭硬了不說，昨天學，今天忘，枉費心機。反正親也探過了，我也不想再出去了，還學來做什麼？到不如像你學學繪畫，反而來得愉快，也有意思。」

「哎呀太太，你不見得能跟她比，她條件好，三幾年下來，開個畫展，以她老爺的身份地位，捧場文章不愁沒人寫，到時候，哈哈！名畫家啦，我們可又少了一個搭子。」

「你說得倒輕鬆，要那麼容易豈不到處都是畫家了？我學畫，完全是被迫的，面子問題，帶頭作用。唉！要說消遣，還是玩這個好。」

「這倒是實在話，我還以為你跟著老爺水漲船高，附庸風雅去了。像我們這把年紀，還學什麼玩意嘛？」

「快點啦，邊打邊講，別浪費時間，打完四圈吃飯，下午八圈正好。我晚上有應酬，答應老頭子，非去不可。」

「吃喜酒？」

「是呀！」

「送了禮簽個名就溜啦，那些飯有什麼好吃的。」

「不行，我老頭是證婚人，這次溜不掉的。」

「玩得快還可以加四圈。」

「那要快一點才行。」

「玩十二張帶寶的最快了。」

「不行，快得像搶劫似的，還沒看清楚就叫和，我腦筋轉不過來。」

「玩十六張的怎麼樣？花樣少，不費腦筋，我剛跟我親家學會的。」

「誰和你玩那沒程度的玩意。禮拜天不趕時間，可以玩數和的，那才過癮。」

「怎麼沒程度？放炮的給錢，牌扣得緊，學問才大呢！數和的最煩人，和下來這個算一次，那個數一遍，煩死人了。」

「所以說，還是算番的好，別扯那些花樣了。老規矩，三三制，四番起和，怎麼樣……。」

吳超峰聽她們興高彩烈，高談闊論，心裏感到厭惡。這些好命的太太們，不善自惜福，大好時光不與家人共享，卻把心思精神花費在牌桌上，還沾沾自喜的弄出那麼多的名堂來，真是莫名其妙。玩物喪志，一點不錯，像今天說得好好的事情，她說取消，就輕易的取消了，連商量的餘地都不留，真是太可惡。他越想越氣，越氣越火大，憤然的站起來，穿好衣服，開了房門，穿過客廳，開了大門出去，帶門的時候用力過猛，「碰」的一聲，連他自己都嚇了一跳。

吳超峰急步走到巷口，一時不知道去那裏好？站著楞了一會，才拐過一個路口，找到車牌，上了車。就這麼混混沌沌的來到木柵。

佟向福沖了壺好茶出來，還帶了兩個杯子。他斟了一杯放在吳超峰面前，把原來那杯拿開，他都沒有察覺到。兩隻眼睛直盯著茶几的尖角處出神。佟向福看他心事重重，又不願說出來，只好繼續用話套他：

「吳公，喝杯新泡的茶提提神，我們又有好些日子沒一塊聊聊了，最近怎麼樣？什麼時候退下來？」

吳超峰好像無動於衷的漫應著：

「明年。」

「有什麼計畫？打算轉到那裏高就？」

吳超峰端起杯子來喝了一口，淡淡的笑笑：

「我有自知之明，不想再找工作了，只想能像你那樣在家納納福，有兒孫陪伴，於願足矣。」

佟向福看他答得有條有理，知道他又回復正常了：

「那容易，你一切都是現成的，我等會教你兩手含飴弄孫之道就好。我本來中午是不喝酒的，今天破例陪你喝一杯。我家那些去做禮拜的也快回來了，小傢伙一回來就吵翻天，我叫內人把飯開到我書房裏，那裏比較安靜，我們好暢談。我二女婿會喝兩杯，等會來了叫他也陪陪你。」

「怎麼？今天誰生日，我來得那麼巧？」

「什麼誰生日，禮拜天嘛，他們有假期通通都會回來，反正老媽媽會做，回來打牙祭。所以，禮拜天我多數不出去，在家裏聽候老太婆差遣。」

佟向福無心的話正好踩在吳超峰的痛腳上，他臉色又陰沉下來，佟向福馬上警覺，猜到八成又是老問題……

「吳公，我看你是有心事，不過既然嫂夫人在家裏打牌，大概也沒有什麼大不了的事情。她喜歡摸個小牌，你又何必非要阻止她呢？」

「我沒有非要阻止她，不過凡事總得有個分寸。」

佟向福看他說話的神態那麼認真，覺得問題又不會太簡單，於是試探著說：

「我倒覺得嫂夫人已經很有分寸。以前她一直是事業家庭兼顧，是個盡責能幹的職業婦女。一直到了晚年，家務責任都可以卸下來了，才玩個小牌消消遣，有何不可？也只有到了這個時候，女人才有資格玩個小牌。」

「你太太為什麼不玩？難道她從前不盡職，人家就不會像她那麼自私。」

佟向福呵呵一笑：

「她呀？天下像她那種人已經不多，她的思想作法，她的傻勁都不足取。」

佟向福是想安慰開導他，吳超峰卻以為他說風涼話：

「你別不知福了，你的造化好，前世修到的。哼，她以為對兒女責任已經完畢，對孫兒們督導管教就可以不聞不問，還好沒有跟他們一塊住，否則耳濡目染，經常聽那些無聊話，會給孫兒們帶來什麼壞印象。」

佟向福知道他一向主觀，沒想到他會加重其詞：

「你又把問題看嚴重了，你我當年公餘之暇不也常玩玩，也沒把我們的子女帶壞。凡事別只站在自己的立場說話，有時候，我還真想我那口子也會玩玩牌，偶爾，也要放鬆一下才好，也不致於為兒孫們綿綿無盡期的勞累終身。」

吳超峰低頭若有所思，嘆了口氣：

「你又不是不知道，我一直都是順著她的，就因為順得太多，她才不知足，如果她不太過份，我也不會那麼氣。」

佟向福斜睨著他，聽出他的話中有因，以前他沒有這麼認真過，他心裏一定相當苦悶，於是很想為他解開憂愁的結：

「依我看，你們的問題是太清靜了一點，下班回來就只兩口人。小夫妻你噥我噥，甜甜蜜蜜是好事。老夫老妻的，見面就你噥我噥，噥多了問題就出來了。如果有兒孫們說說笑笑，就不會那麼單調枯燥。其實，你們不必等到退休，現在就可以……。」

吳超峰一聽又火冒三丈，睜著大眼睛：

「你以為我不想？是她堅持不肯，你若不信，你去跟她談談，聽聽她的謬論，你就會知道，很少見到這麼自私寡情的女人的。」

這回輪到佟向福沉思了。冰凍三尺，非一日之寒，會造成一個問題，必定有很多因素，要解決問題必須先瞭解分析才是辦法，他向老友提供了意見：

「這件事情我看你要跟子女們商量，很多事情，也許嫂夫人有她自己的看法，你不能盲目的把一切都怪到她身上，你的子女們有沒有問題呢？知子莫若母，天下那有不關心子女的母親？我看你一定要弄清楚問題的癥結所在才好。」

吳超峰心有所動，又沉默起來。佟向福看他不語，也不多說了，拿了茶壺站起來進去加開水。出來的時候又把他的茶杯斟滿，看他仍舊默然無語，大概剛才的說話已發生作用，必須趁機點醒他才能產生效果，他想了一會，故作輕鬆的笑了起來：

「吳公，你先別見怪，我說句不中聽的話，我覺得你才是自私的人。嫂夫人為家庭經歷了多少坎坷苦厄，才有今日的光景。套句俗話，可以說是功德圓滿、功成身退了。在這種情形之下，她找自己的樂子，玩個小牌消遣，並不過份，你怎麼把它看得那麼嚴重，老盯著她這點短處而抹煞了她幾十年的心血？這很不公平……。」

吳超峰剛剛端起茶杯，愕然的昂起頭來看著他，佟向福不予理會，繼續為老朋友的苦惱下針砭：

「你我都是坐六望七的人了，凡事都要向寬處想，自己的消閒生活，也不必完全寄托在兒孫身上，和兒孫相處也會有很多問題的，這點我比你清楚。我的看法是凡事順其自然，不必強求。目前，你不必想到那些問題，回家先討好太太才是上策。不為別的，就算為你自己打算吧！人老了，還是老伴最可倚靠，等到有了病痛，需要扶持的時候，你就知道了，真正關心體貼的還是老伴哪！你和老伴鬧彆扭，真是天下最愚笨的人……。」

吳超峰握著茶杯全神貫注的聽著老朋友指點迷津，忽然有醉後漸漸清醒的感覺。他睜著眼，張著嘴，就是無法答腔。迷迷糊糊的，屋子裏出現很多人，有人叫他吳爺爺，有人稱他吳伯伯，他都心不在焉的漫應著，腦海裏卻盤旋著那句話——「你才是自私的人。」

吳超峰百思不得其解？怎麼都想不出自己怎麼會是個自私的人？這就叫清官難斷家務事，老朋友又何嘗能瞭解他的感受。自己的心事也只有自己揹了，不必再多作解釋。不過佟老的話倒是有幾分道理，值得好好的想一想……。

看到滿屋都是人，吳超峰必須打起精神來，佟向福提議到書房去，這裏太吵。吳超峰看他們擺桌子要吃飯了：

「還有其他客人嗎？」

剛好佟太太抱著個胖娃娃，手裏拿著個小碗，裝著兩個餃子，笑嘻嘻的由裏邊出來，把孩子安置在另一個茶几上：

「那裏還敢請客人呀，請自己都來不及啦！一回來都叫餓，通通都往廚房鑽，麻煩你們看著她，別讓她亂跑，我還得進去張羅。」

佟太太又笑著進去了，佟向福催著他們在書房擺桌子，吳超峰看著大家笑笑：

「何必到書房吃呢？這裏就很好，人多才熱鬧……。」

吳超峰說到這裏，忽然轉向佟向福：

「咦！你不是說不喜歡吃餃子嗎？我是無所謂的，你一個人到書房裏去吃好了。」

佟向福先是笑笑，想想，這個笑話開得莫名其妙，毫無意義。許是剛才說話有不客氣的地方，給他抓著機會報復了。真是小心眼！唉！年紀大了，度量反而小了，怪不得常常跟老婆嘔氣，原來如此。他只裝著沒聽見：

「既然吳伯伯不怕吵，就在這裏吃好了，趕快把桌子擺好，我們先飲酒，今天吳伯伯還跟你們加菜呢！」

佟向福的女婿既健談又善飲，兒子也陪了兩杯，大家都吃得很愉快。吳超峰忽然又情緒低落下來，想到自己兒孫也不少，卻跑到別人家來納福，實在不是滋味。心裏感慨，不免又放量了一點，酒足飯飽，竟然昏昏欲睡，佟向福把他帶到書房裏，讓他好好休息一下。

一覺醒來，吳超峰看看手錶，已是晚飯時分，他趕快起來，感到腦袋有點昏沉。

「下午嫂夫人打電話來，我告訴她你在這裏，同時告訴她你吃過晚飯才回去。所以你不必耽心了，洗把臉，喝杯熱茶，清醒一下，今晚再陪你喝兩杯。」

吳超峰一聽太太打電話來，心裏一怔，用手拍拍腦袋，聲音小得好像自言自語一般：

「她怎麼知道我來這裏的……？」

佟向福就猜到他會緊張，想逗逗他，想想還是算了：

「她以為你在你們孩子家，到處都找不到才想到我這裏的。」

吳超峰的心裏又是一陣怦然。對了，上午出來的時候，為什麼沒有想到去他們家？當時只想找個地方發洩，真是豈有此理！

「你才是自私的人」這句話，又在他腦海裏徘徊……。

「我今晚不能再喝了，頭有點脹脹的，中午的確不宜喝酒。今天實在打擾，我告辭了。」

「那不行，我內人特別為你跑了一趟菜場，弄了兩個下酒菜，你一定要吃完晚飯再走。」

「實在抱歉，我現在還飽得很，根本吃不下，再說吃完飯也太晚了，搭車子不方便，下次再來打擾。」

「馬上就開飯了，你好意思不領情？」

「我真的是吃不下，我去跟大嫂說一聲請她包涵，出來一天，也倦了，回去休息比較好。」

佟向福看他那麼堅持，知道他的心裏更疲倦，也不再堅留：

「既然這樣，我送你到車站，我們還可以再聊聊。」

到了車站，佟向福幫他買了車票，送他上了車。

在車上，吳超峰反反複複的想著佟向福跟他說的笑話：

「……吳公，我告訴你一個訣竅，夫妻相處之道是：她嘪你莫嘪，則快樂無窮……。」

吳超峰又混混沌沌的回到他上午上車的地方，下了車，拐過路口，繼續向前走，經過巷口那間麵包店，他又折回頭，買了一盒西點帶回去。也許她們還沒打完？也許她們還沒吃晚飯？不管怎麼樣，帶盒點心，總是好的。

小三的吉他世界

余小三又去釣魚了，這已經是第三天。每天早上吃過早餐他就出去，黃昏時分他才回來，兩天的成績，重量不超過四兩，數量不超過十條。余太太不在乎這些，她只關心小三是否真的去釣魚？

三天前，小三由外面回來，手裏提著個吉他，一進門余太太就看出小三落了空，她沒有問他，裝著不知道這回事，只催他快去洗澡，馬上就要吃飯了。

小三看見媽媽沒問，心裏安定得多，「嗯」了聲就往自己的房裏跑。吃飯的時候，小三故意端著飯碗盯著電視機看科學小飛俠，免得跟大家說話。其實，他爸爸一回來媽媽就囑咐過他：

「小三今天不舒服，吃飯的時候你別問他什麼？你儘管吃完飯去做你的事情，知道嗎？」

「什麼事情那麼嚴重，爸爸連問問都不行？」

「以後你自然會知道，現在你先聽我的，好嗎？」

晚飯大家都沒有因小三的心事而受到影響，飯後各人忙自己的事情去了。小三回到房裏，關上房門，直到夜闌人靜，余太太都沒有聽到小三房裏有吉他的聲音，她想大概他太累，睡覺了。

第二天早餐後，小三說要去釣魚。走了。直到晚餐才回來。與昨天的情形仍然一樣，飯後仍然回到房裏，房裏仍然靜悄悄。

今早起來，情形還是一樣，小三又要出去，余太太正想找他談一談，他已經走了。余太太的情緒不能再鎮定了。她匆匆的把家務做完，拿了掃帚抹布到小三房裏，房裏出她意料之外的已經收拾乾淨。她若有所失的坐了下來，隨手打開了錄音機，一支呂昭炫寫的「楊柳」瀉了出來，余太太很喜歡這支中國風味很濃的曲子，音符太生澀，一定是他最近教的那位媽媽學生彈的。她把它關了，另外放了一卷錄音帶，那是小三自己改編的臺灣名謠組曲，指法輕柔，節奏明朗，如泣如訴的安平追想曲用顫音指法緩緩的彈奏出來，音符飄滿了全屋，余太太的心思也跟隨著音符如夢如幻的跌入回憶裏——好多年前了，小三讀初中的時候，他哥哥的同學把吉他帶到家裏來，從此，小三接觸了吉他。余太太喜歡孩子們玩樂器，什麼樂器都無所謂，只要能陶冶性情就好。在他們很小的時候，她就經常帶他們去聽音樂演奏會了，她的目的是希望孩子們由此培養一點氣質，只要是具規模的演出，她都帶他們去欣賞，三軍球場、中山堂、國際學舍都有他們的腳跡。那時候，票價相當貴，余太太也買得很吃力，可是她寧可提早走路，不坐三輪車，不吃任何東西，她都要為孩子多買張票，讓他們堂堂正正的坐著欣賞，在他們小小的年紀，就讓他們知道，他們是有位子的人，孩子尚小，不一定懂得欣賞，余太太所希望的，是讓他們認識音樂的紀律和秩序、以及音樂組合的偉大。然而，她雖喜歡孩子接觸音樂，玩樂器，卻不喜歡他們親近吉他，主要是她覺得演奏吉他的姿態不太雅觀，有點不登大雅之堂，由於對吉他有成見，自然，她也就不欣賞小三彈它了。不欣賞歸不欣賞，小三還是偷偷的玩他的吉他。其實小三也不一定喜歡它，他只是不喜歡讀書，只要是樂器，他摸得到的他都玩，余太太對小三的玩性，有了隱憂。

上了高中，余太太以為小三會有所改變，因為高中的功課就是面對聯考，特別是到了二、三年級，很多孩子都會在這個時候把自己的興趣拋到一邊，而專心攻此一關。可是，小三沒有改變。余太太發現他依然我行我素，回到家裏，照樣把自己投入他的音樂天地裏。晚上聽到的，不是朗朗書聲，而是吉他的噪音。

聯考放榜了，人在孫山前，他在孫山後，小三好像一點都不在乎，仍然抱著他的吉他在玩。

吉他給余太太帶來很多困擾，她已經對它厭煩，但又無可奈何？因為，她看出小三對它已經無法分捨了。

補習班開學了，余太太費了好多心思找到一家很有名望的補習班，交了費，滿懷的回到家裏。小三接過上課證，望著他母親笑笑：「我盡力而為就是。」

「你喜歡音樂是好事，但無論如何，都要讀大學，否則，你將來以何謀生？你既然那麼痴迷音樂，考藝專也好。」

「藝專沒有吉他科。」

「可見它不登大雅之堂，你還戀它做什麼？」

小三又望著他母親傻笑：「這你就不懂了，吉他的學問可大呢，除了臺灣，那裏都有主修吉他的音樂學院。你在電視上看到那些又抖又跳又叫的吉他不是正統的吉他，就像黃色小說不是正統文學一樣。」

余太太未料到小三會說這些話，感到愕然，

「不管怎麼說，藝專沒有吉他，總有他們的看法，你就應該更努力，面對現實才是，以後不能再那麼任性了。」

「我想出去讀。」

「想出去更加要闖這一關，否則，你憑什麼出去？」

「就算我闖過這一關，要我把四年的時間浪費在不相干的科系上，我不幹。」

「不幹又能如何？這是現實問題，你沒有第二條路可走。趕快痛下決心，迎頭趕上，等大學畢業以後再談其他。」

小三哼了一聲，像是自言自語的怪笑：

「藝專沒有吉他，臺灣沒有音樂學院，真是不可思議。」

開學又有一段時間了，小三的讀書方式仍然沒有改變，余媽媽生氣了。每次在晚上制止他彈吉他的時候，很快的，他房裏就傳出了鼾聲。如果不制止他，他可以彈到深更半夜而不疲。慢慢的，余太太懶得再說了。對小三，她不知道該如何是好。

聯考又快到了，小三經常夜回，作息時間也沒有從前的規律。余太太在他房裏發現了很多新添的書籍，不是教科書，還有，小三每次外出回來，都會手抱唱片，把自己關在房裏的時間也更多，除了吃飯，他幾乎不與家人接觸了，余太太心裏難過，更加不知如何是好。

有一天，余太太發現他房裏有一架新的錄音機，忍無可忍，攔著正要出去的小三：「你今天非要把你最近的行徑說清楚不可，否則，不准出去。」

小三知道攤牌的時候到了，他把母親扶到椅子上坐下，為的是怕母親會暈倒：

「媽，如果你不迫我，我不會說出來，這半年來，我根本沒有去補習，我對課本看不下去，我根本不想讀，就算……。」

「我不是問你這些，你老實說，你房間裏那些東西那裏來的，我問過大家，都說你沒有向他們要錢，那麼，東西那裏來的？」

小三看見母親那麼緊張，有點不安，握著母親的手：

「媽，你別生氣我就告訴你，東西完全是我賺來的，你先相信這點，我再把詳細情形慢慢告訴你。好嗎？」

小三看見母親不說話，知道同意了，於是也坐了下來：

「我沒有去補習班，因為我根本不想讀大學，把時間浪費在不是自己的興趣上，十分不值。所以，我已經下定決心去拼了，如果你不罵我，我現在就過得十分快樂，我在幾家樂器行教吉他，我還在餐廳彈吉他……。」

小三說到這裏，在口袋裏掏出一張卡片遞給他母親看：

「媽，你看，這是樂師證，有這張證就可以正式到餐廳彈琴，我知道你看了會失望，我不是音樂家而是只會彈琴的樂師，但是，就因為我想做音樂家我才朝這條路走，臺灣有很好的鋼琴、小提琴老師，卻沒有很好的吉他老師，所以，我一定要設法出去，不管任何方式，為的是求學問，我想與其浪費四年讀其他的科系，不如先賺幾年錢，等我把錢賺得差不多可以讓我出去了，我會再努力下苦功的，我向你保證，一定力爭上游，目前，我的工作令我感到興趣，我想繼續下去，你如果不迫我，我會工作得更快樂。能賺錢，終歸是好事，對吧？」

余太太被這突來的事件震住了，久久說不出話來。事情到了無可商量的時候，也只有聽其自然了。

小三的問題公開了，心裏快樂得多，他現在已經不必再神秘兮兮、偷偷摸摸出入了。他把母親拉到房間：

「媽，我讓你聽一些唱片，讓你開開眼界，你不會再說吉他不登大雅之堂，你聽聽這張「阿蘭菲斯吉他協奏曲」，你就會知道什麼是真正的吉他藝術了，你先聽聽再批評，我保證你會喜歡它，你才會知道吉他的地位有多高，你先聽聽整個氣派再聽吉他的技巧，你一定會對吉他著迷的，一定會……。」

小三興奮得一連翻了好幾張吉他協奏曲出來，又介紹了很多梭爾的小步舞，跑馬之類容易吸收的曲子，又把幾張唱片封套給他母親看：

「媽媽，你看這些吉他演奏家風範，他們都是上了年紀的一流大師，你看他們穿了禮服坐得四平八穩的演奏，就知道不是我們電視上所看到的了，一個好點的吉他都是無價寶，沒有人捨得拿來像電視上那些人又敲又打的，有時還拿來做打架的武器，簡直荒謬，難怪一般人都對吉他印象壞，事實上是，根本大家都不懂……。」

余太太由於小三的介紹，果然對吉他有了認識，她絕沒有想到吉他也有協奏曲？從此，她對這已經有幾百年歷史的吉他藝術，產生了無限敬意。她像發掘到寶藏，那是她生命樂趣的另一寶藏。從前，她只是喜歡音樂而已，沒有人為她認真的介紹過，她嘆自己的知識太缺乏，對兒子她開始又有了祈望。

現在，小三已經取得了全家的同意，讓他在家裏教學生，但是，不能再到餐廳去彈琴，家人的理由是，教學生可以自己得益，所謂教學相長。在餐廳彈琴只怕繁華世界看多了，沒有再奮鬥的意念了。余太太答應不再迫他考大學，但求學之心不可一日間斷，做人唯有時刻充實自己，才能教導別人。

前天，小三去參加一個吉他演奏比賽，他是有備而去的，不想上場時一緊張，有點怯場，突然接不下去楞住了，再接下去的時候，已經完了。他恨自己太窩囊，平時上臺都不在乎，偏偏這次……這幾天，他不想摸吉他，他只想清靜一下……。

余太太在房裏思前想後，她知道小三比賽的事，小三什麼事都不會瞞母親的。比賽落空有什麼關係，怎能像世界末日地消極呢？這幾天，晚上沒有聽到他彈吉他，連唱片都不放，這如何是好？做人怎能經不起一擊？怎能天天一走了之？

想到這裏，余太太憂心如焚，突然門鈴響了，余太太匆匆走去開門，原來是來學琴的學生，小三不在家，如何是好，她心中暗罵小三太不負責，一面忙想了個謊言：

「十分抱歉，老師今天感冒了，不能上課，下次再補吧！」

送走了學生，余太太心中耿耿不樂，小三太不負責，太……門鈴又響了，余太太又急忙去開門，門開處，小三回來了，後面跟著那位學生；小三喘著氣把魚具交給母親笑著說：

「我忽然想起今天有課，馬上趕回來，還好，在巷口碰著他……。」

小三沒有察覺媽媽的臉紅一陣白一陣，他匆匆的帶著學生往屋裏去。

回春曲

快下班的時候，忽然接到孟奎仁的電話，問我下班後有沒有時間到他那裏聊聊，我這才驚覺，好些天沒有去看他了。我暗自罵了一聲糊塗。

自從聽到卡特政府背信忘義，與我中華民國斷絕邦交。我的情緒整個陷入從未有過的激動憤慨中。每天除了上班，全部的時間都放在注意報紙和電視上，其他一切都忽略了，連幾天就要見一次面的老朋友，也疏於往來，實在是氣昏了頭。奎仁主動打電話來，不知道有什麼事情？剛才在電話裏忘了問他，心裏有點忐忑，撥了個電話告訴家裏不回去吃飯了，自己提早半個鐘頭下班，匆匆趕去看他。

孟奎仁和我是深交，我們認識的時候，還是兩個在足球場上搶球的大男孩。離開學校後，我們各奔前程。後來，我們成了家，我們做了父親，現在，我們都升到祖父級了。我和他有緣份，大江南北，天涯海角，總有機會聚在一塊，的確很難得。可惜，時間過得很快，一晃就是幾十年。大概是這二三十年來日子安定好過的緣故吧！如果是度日如年，相信就不會有這種感覺了。如今，大家都垂垂老矣，我們還是經常見面，不過在閒談中，不無感慨！

孟奎仁本來有一個很美滿的家庭，老母親在十年前他的環境轉好中去世。有一個在金錢上很精明的太太，和三個有教養的子女。經過多年的努力，已經算得上小有成就，日子應該過得很愉快才對。誰知他年紀漸長，定力反而不足，在生活漸入佳境的時候，卻讓感情那匹野馬闖了一次禍，從此以後，好好一個家庭蒙上了陰霾，再也見不到融和的陽光了。

這幾年，孟奎仁過得很寂寞、很孤獨，親友們很多都不諒解他，我對他比較瞭解，所以，我們很談得來，我們有默契，聊天時絕不談他的家務事。也許認為我知道的已經夠多，不必再談了。不談最好，談了傷感情，就為了他的家務事，孟大嫂對我有了誤會，弄得我好為難。那件事我知道得最清楚，以奎仁那種溫厚的個性，如果孟大嫂在事情發生之初，情緒上不那麼過火，我相信一定可以收拾的，完全是孟大嫂不給他回頭的機會，才弄至今天的地步。這些，都是過去的事了，自從雅雅離去後，原本風趣健談、很懂得享受生活樂趣的他，一下變得木納孤僻了。除了工作，很少外出應酬。把精神興趣完全寄托在聽音樂與集郵上。他有很好的音樂修養，拉得一手好小提琴，就因為這樣，他才認識雅雅的，因為他們同屬於一個業餘的樂團……。說起來，也是順理成章的事情，孟大嫂對奎仁的生活興趣一點都不瞭解，也不關懷，難怪他……。算了，就因為我說了一句公道話，孟大嫂竟然遷怒於我，責我是穿線的人，真是天曉得！想不到這對曾經歷過困厄、患難中相扶持的夫婦，在生活環境轉好了的時候，才發生問題。夫妻能共患難而不能共富貴，真是不可思議。

幸好奎仁還有另一種興趣，喜歡自己弄東西吃，這也是我們幾天就會聚一次的原因：

「兩人對酌總比一人獨酌好……。」

這是他堅邀我常去的理由，他的經濟不成問題，自己開火完全是為了吃得更好，同時也可以打發時間。

一路上，思前想後，怔怔忡忡，等車轉車，到處都是人潮，費了好大功夫才到達奎仁的「家」。那是一間比較高尚的公寓，很小巧，很安靜，很舒適，也很令人遐思：

「……感情有了束縛牽絆，就很難享受到它的快樂……。」

奎仁曾經說過這種話，可見他雖然被人看作很愜意的金屋藏嬌，卻沒有真正的快樂過。

走出電梯，還沒有按門鈴，門就自動打開，奎仁衣著整齊的等在門裏，他大概是在窗口看見我上來了。他的衣著一向整潔，在家裏也不隨便穿睡衣的，給人一種嚴肅的感受。

「這麼多天不來，你參加了示威遊行了麼？」

我瞥一眼他説話的神情，不像是開玩笑：

「如果我體力好，一定參加，身為中國人，這口氣難嚥。」

他關上房門，我換了拖鞋，脱掉上衣，解下領帶，把皮帶放鬆一個洞，讓肚皮可以自由伸縮。這才坐到我慣常坐的沙發上，喝著他遞給我的上好烏龍。這間公寓，一廳一房、一廚一衛，麻雀雖小，五臟俱全，如果心境好，的確是一個安樂窩。

奎仁由廚房裏端出一個焗鍋，鍋裏還「迫迫」作響，餐桌已經擺好了：

「來吃飯吧！焗排骨可能已經過老了，我是計算時間的，你為什麼這麼久才來？」

「我還提早半個鐘頭下班呢！街上到處都是人潮，群情激昂。捐款的人潮、簽名的人潮，群情激昂，到處都是憤怒激動的人群……。」

「所以我認為這是一次最好的經驗，看看罵政府的人有多少？看看愛政府、擁護政府的人又有多少？疾風勁草，這是全民志節表現最好的時候……。」

奎仁一邊說一邊打開焗鍋的蓋，一陣香噴噴的熱氣冒了出來，他拿了個切開的檸檬，擠了幾滴汁液在排骨上，同時打開那個燉鍋的蓋子：

「你是先吃焗排骨還是先吃燉鮑魚？我是用乾鮑魚和冬虫草一塊燉的，據說利於目。人老了就怕眼矇，不妨多吃點，很補的。」

奎仁不愧是美食家，除了口腹之慾，還講求養生之道。我叨他的光不少。

自從中美斷交以來，我和家人沒有吃過一頓安樂飯，每天的晚餐，本來是我們家人一天團聚的時間，現在卻變成我們沉痛的時刻了。大家圍著電視機；越南難民在海上飄流的鏡頭，真是人間大慘劇，看來怵目驚心。中視記者湯健明在華府報導愛國僑胞不畏強權，冒險示威抗議的鏡頭，令人肅然，內心既感動又敬佩。而國內同胞的熱烈捐獻行動，自強救國如火如荼的鏡頭，叫人熱淚盈眶，激動不已。在這種悲憤激盪的情緒裏，如何能吃的安樂？

今晚，叨老友的光，可以安安靜靜的享受一頓晚餐了。

「最近，你我都把自己栓在電視機前，餐餐食不甘味。今晚，我們暫時不要打開電視機，聽點輕鬆愉快的音樂，把情緒放鬆，聊聊近況……。」

室內本來就有很柔和的音樂在飄蕩著，奎仁走過去換了張唱片，同時把聲音轉大點。那是一張弦樂四重奏，舒伯特的「鱒」。果然，不安的情緒很快被帶到另一個境界，心境也跟著開朗了。音樂的確奇妙，難怪奎仁那麼沉迷。

奎仁的手藝很高明，他會弄菜也是有緣由的。當年老太太在世的時候，老人家好客，孟大嫂常常挖心思絞腦汁弄些既經濟又可口別緻的菜肴款待親友。那時候，夫妻鶼鰈情深，有事好商量。所以，他也學得一手好手藝。如今勞燕分飛，往事已不堪回首，怎不令人慨嘆！

酒足飯飽，我坐回那張沙發上。繼續抽煙品茶，我不知道他主動打電話找我是否有事？或是純粹吃吃聊聊？他不開口，我也不想說話，大家沉默著。在我第二支煙快要抽完的時候，他終於開口了：

「我決定把這間房子捐給國家。」

他突如其來的嚇我一跳，我感到很不自然的坐直了身子，無法相信他說的話，不明白到底是怎麼一回事：

「你是說你現在住的這間？」

他嘴咬著煙斗，若無其事的看看我：

「是的。」

我首先想到他的太太，他一定是要搬回去了，如果搬回去，這倒是好消息，這麼重大的決定，我後悔這些天沒有來看他。我關切的看著他，希望我猜對了：

「是搬回家嗎？」

「不是。」

「這就奇了，不是搬回家，那你住到那裏去？」

他沒有答覆，繼續在吸他的煙斗，我感到很意外：

「大嫂知道你的決定嗎？」

「不知道，她為什麼要知道？」

他越說越離奇，我沒心情陪他打太極拳，焦急的催他：

「好啦，老哥，你最好在五分鐘之內把事情說清楚，否則，你要我做任何事我都不管。我真不知道你又發什麼神經？」

他的表情依然那麼冷靜，看不出有任何變化要發生。

和他做朋友，好處太多，壞處也不少，像這種突發性的驚人之舉，我已經見過好幾次了。真是江山易改，本性難移。他在做一件不尋常的事情之前，從不先露一點風聲的。他站起來走向唱機，音樂不知道什麼時候停的？他把唱片翻一面，同時把聲音調回原來的柔和。他又坐回來，仍舊沉默的咬著煙斗。

「你叫我不要打開電視，聊聊近況，你如果不想說話，我還是看我的電視。」

在打開他話匣子之前，我必需試用幾條鎖匙。果然，在我試著站起來的時候，他低沉的咳了一聲，好像是對自己說話一般：

「我沒有發神經，只是最近國家遭遇的困難，給我很多的了悟⋯⋯。」

他頓了一會，眉宇間聚滿心事，用力的吸著他的煙斗：

「……幾十年個人所做的努力，都是為了家人和自己，根本沒有想到該為國家做些什麼事情，也不知道政府為我們做了什麼事情，更沒有去注意國家的安危存亡問題……。」

他有點激動，忽然又停了下來，神情凝重，我縮回拿煙的手，全神注視他：

「……這次當頭一棒，給我認清了做人的態度與責任。了悟已遲，像我這種齒落髮稀退休之年的人，還能有什麼作為？所以，我決定把這房子賣了，留下少許我個人必需的用費，其他的，捐作國防基金，盡我一點心意。以後，我打算過一種返璞歸真的生活，地方我早已看過了，所以，找你來商量一下……。」

我想起幾年前我們同到彰化一個半山上看朋友，他們夫婦倆由國外探親回來，就住到那裏，風景環境設備都很理想，除了鰥寡孤獨，還可以帶伴同住，不同於一般養老院，也不是救濟院，而是頤養天年的樂園，很理想的地方。

「你是說你要搬到余老那裏去？」

他點了點頭，沒有說話。

「我的老天爺，那是多久以前的事了，我還以為你說著玩，沒想你倒當真了。」

「在沒有實現以前都是說著玩的，到需要的時候，玩笑就會變成事實了。」

他說得很認真，我感到事態嚴重。

「這種事，你怎能不和大嫂商量？你們終歸還是夫妻。」

「多少年來我們都是各管各的，有什麼好商量！」

「你的子女們呢？他們知道嗎？」

「還沒有告訴他們。」

「還沒有告訴他們？那你是獨斷獨行了？你這麼做未免有點不近情理吧？」

「難道我們現在是合情合理的嗎？」

我知他的子女都不怎麼理想，都是為自己而忙碌，對父母缺乏協調關懷之責。很多事還是要我們老朋友操心。

「夫妻沒有隔宿仇，我忽然有個主意，你何不趁這個時候，搬回家去，唯有與家人聚在一起才是正途。再說現在適逢國家有困難，你更應該回去與家人團結在一起，不再四分五裂才對。我認為只有回家享受天倫之樂，才是人生的歸宿。」

他默默的傾聽著，隔了一會，才悠悠嘆了口氣：

「她的脾氣，你難道還不清楚？我們的分開，誰是誰非，你也是最瞭解的人，我們已經分開這麼多年了，現在還提它做什麼？」

聽他說話的語調，他內心並不寧靜，我需要知道他的心意，要真的沒有牽掛，才能對他有所幫助。我出其不意的問他：

「我一直沒有問你，你和雅雅還有通信嗎？」

我迅速的瞥他一眼，無法在他複雜的眼神裏窺知他的心意。他一定感到很意外，猶豫了一會才答覆我：

「她出國後我們就沒有通信，十八號那天晚上，我忽然接到她打來的越洋電話，語氣很焦急，我再三告訴她我很平安，一點事都沒有，她不相信，還要我發誓所說的都是實話，她才掛了電話。」

他說後很冷靜，卻把我震了一下；我的心情也給它弄複雜了，不知道是該為老朋友高興？還是悲哀。

「原來是這樣，怪不得你會心神不寧，胡思亂想了。你對她還不能忘情麼？」

他很不自然的笑笑，搖搖頭，一付無可奈何的神情：

「你怎麼到現在還問這種問題？難道你還有什麼懷疑不成？連你也懷疑，就難怪別人了。我和雅雅認識，是緣是孽，都過去了。好在大家沒有虧欠，心理上沒有負擔，我不後悔認識她，也不遺憾和她分開。道義上的關懷，並不需要意味著什麼！我這次的決定，與她的電話無關。六十歲的人了，你以為我會再沉浸在追風捕月的虛幻裏不成？」

我沒有料到他會說得這麼洒脱，很值得敬佩：

「這樣最好，感情要拿得起放得下，才是大丈夫。多少人被它牽牽絆絆，痛苦一生的。那麼，言歸正傳，你還是考慮我的話，搬回家去，怎麼樣？」

「我看你不必為這件事費神了，那是不可能的事情，我和她註定是沒有緣份，所以才不能共白頭。一切都是天意，聽其自然好了。」

「你不能把一切不愉快的事情都歸咎於天意，既然你那麼相信命理天意，就更應該搬回去，因為你們已經是夫妻，那才是天意。」

「不管你怎麼說，我都不想搬回去，我已經忍受夠了那種滋味。我現在過得很安靜，以後也不想有煩惱，你就行行好，成全我吧！」

我知道很難說服他，忽然靈機一動：

「我知道大嫂脾氣很強，有時候的確是過火了一點，但是，她對老太太倒是十分孝順的，這點，你該不會否認吧？」

奎仁天性淳厚，我自信這句話可以打動他，沒料到他反而光火了：

「這就是我們吵嘴的原因，她口口聲聲侍奉了我母親，好像我要感激她一輩子似的。她忘了那也是她份內的責任，真是豈有此理……。」

「不要激動，有話慢慢說。」

我提醒他，我耽心他的血壓。

「……孩子們讀得好，是她的功勞，家裏生活改善了，也是她的功勞，整天把這些掛在嘴裏，嘮嘮叨叨，唯恐我不知道。在孩子們面前，她自以為是個神，在親友面前，她也把自己當成個聖人，在她眼裏，我一無是處。你想，有這樣的老婆，我還回去做什麼……？」

他看看我，我眼睛注視著他，不住的點頭表示同情。

「……娶了這樣的老婆，的確是大不幸，事事都要騎在丈夫頭上，我在家裏還能有樂趣麼？俗話說，老婆不好是骨頭生瘡，人家看不見，疼痛只有自己知……。」

他大概看我聽得入神，越說越激動，還站起來走到我面前，用手比劃著，手裏煙斗的灰都掉到我身上來了：

「……她是很有本事，這點我承認，但也不能以此自恃，夫妻本來就該分工合作，同心合力，那有事事要我感激的？她為什麼不感激我每天在外面奔波，為家庭賣命呢……？」

多少年沒聽他這麼痛快淋漓的發洩了，他情緒這麼激動，很可能是受最近局勢動盪所影響。能夠發洩出來也好，我才知道該怎麼去幫助他與家人團圓。我想開導他一番。

「其實像你太太那樣的女人多的是，只是別人有辦法，你沒有辦法而已。我那口子就是如此，我說一句她說三句，後來我乾脆什麼都不說，她反而慌了，不斷的問我在外面發生了什麼事情？是不是有什麼煩惱？所以說……。」

我發現他用不屑的眼光瞪著我，我才知道失言了。怎能在他氣頭上煞他風景呢！我忙向他陪笑臉：

「別見怪，我只是打個比喻而已，無論如何，我都希望你跟太太和好，搬回去，我和內人會盡一切努力為你們……。」

「不可能了，也太遲了。我和她緣份已盡，沒有什麼好說的。我今天請你來，是為了……。」

我現在才發現他不但固執，而且主觀，心裏很不以為然：

「不管是為了什麼？我都不想聽下去，為了你，我曾被你太太責怪過。現在，我以幾十年的交情請求你，無論如何，你都不能令我失望。那怕到頭來開罪於你，我也在所不惜。」

可能是我說得急了點，語氣變得不太友善。他愕然的直視著我：

「談得好好的，為什麼忽然要說得那麼傷感情？」

「不為什麼，就為了你的固執與主觀。」

「怎麼說？」

「你剛才不是說你了悟了做人的態度與責任了嗎？」

「不錯。」

「錯！你根本沒有了悟。你要知道，捐錢歸捐錢，捐錢不能抵銷你對家庭該負的責任，特別是國家現在處於非常時期，你是一家之主，更應該馬上回去與家人聚在一起，共度時艱……。」

我看他坐下去又站起來，在我的杯裏加了開水，又為他自己的杯子加水，我不知道他對我說的話有沒有聽進去，但我還是要說：

「……你太太也不過是個性強，好勝心重，並沒有什麼大不了的過錯。現在你就不應再耿耿於懷。她說的也有道理，老太太最後那段日子，也難為她侍奉的，你如果體諒她，多說幾句感激的話又何妨？你說你已經『悟』了，這些道理為什麼你還那麼糊塗……？」

我邊說邊留意他臉上的表情，窺不透他的心意，只見他不斷的換著姿態，我知道他內心已經不安了，我儘量把語調說得溫和點，免得他難堪：

「……所以，我非常希望你用行動來表現你了悟後的虛心，設法搬回家去，容忍她，給子孫們留下一個好印象。讓親友們知道你是一個負責任的人。」

我看見他深深的吸了口氣，把頭抬起來靠在沙發上，閉上眼睛，仰對著天花板，我沒有打擾他，讓他多想。很久，才聽他喃喃的說：

「我不搬回去，無論如何我都不搬回去……。」

面對這種頑固的朋友，我有點不耐煩了。什麼老朋友？連妻兒子孫都不留戀的人，還不是意氣用事之徒……。

我不願再談下去，想回家了，心裏很不自在：

「你看看越南的難民，飄流海上，妻離子散，家毀人亡，慘絕人寰。如果他們的遭遇還不能使你回頭？有所警惕？珍惜你自己的妻兒，你這個朋友，我不交了。」

我站起來，去拿衣服，走到門邊，看見他垂下了頭，把臉蒙在手裏。我心裏又有點過意不去，輕輕的走到他身旁，拍拍他的肩膀：

「老哥哥，我明天到你家裏去，看看大嫂的心意，再來決定，好麼？」

他緩緩的抬起頭來，兩眼濕潤，惘然的看著我，點了點頭。

我知他心裏寂寞，他需要安慰……。

回到家裏，思潮起伏，心緒不寧，左思右想，都想不出該怎麼去向孟大嫂說才好？她的脾氣，她的涵養，想起來都有點心悸。最後還是老妻提醒了我：

「你怎麼不先打個電話去問問，探探她的口氣，讓她先有點準備。否則你貿貿然然的跑去，大家都尷尬。」

對了，投石問路，這方法很好，也不致於當面碰釘子。

我看看時間，已經十點多了，不知她睡了沒有？我內心又很焦急，如何能等到明天？把心一狠，還是撥了個電話，心想：如果是她的家人接，我可以打聽一下她的情況，如果剛好是她接，我可以聽聽她的口氣，如果不大友善，我可以不告訴她我是誰，只當打錯了電話。

電話撥通了，接的正好是她。

那邊傳來第一句長長的「是誰呀」，已經讓我安了心。所以我就大膽的告訴她，我是吳皓之。那邊頓了一會，似乎對我打電話給她感到很意外。當我告訴她，是奎仁要我向她問好的時候，她又頓住了，這次頓得更久，我還以為她生氣掛掉了，害我出了一身冷汗。我告訴她，好些天前奎仁就叫我去看她，我因事忙，所以拖到現在。我問她近況可好，她答覆得很含糊。她對我說的話有懷疑，我向她保證絕對正確（天曉得），我說如果她明天有空，我想去看看她。她很誠意的要我去吃飯，我說因為家裏有客人，我和她約定，明天晚上去拜訪她。

放下電話，老妻和我同時長長的舒了一口氣，我忽然感到好疲倦，混身無力的靠在沙發裏。

世事變幻難測，由下班後赴孟奎仁之約，到現在放下電話的心境，其間時空的過程，經歷了多少悲歡離散，細細的想起來，怎不令人慨嘆！

第二天，我和老妻照約定的時候去拜訪孟大嫂。

原本熟識的屋舍庭院，變得陌生了。

原本情逾手足的老朋友，變得客套了。

老太太在世的時候，我們是這裏的常客，穿堂入舍，無拘無束。廚房裏我老妻經常出出進進，臥房裏我可以隨便的躺臥……。現在，情形改變了，我和老妻拘謹的被孟大嫂請讓著坐在客廳裏，茶几上已擺好兩杯茶，顯然她已經在等我們。我剛把手放到口袋裏，孟大嫂馬上把煙遞給我，她自己也點上一支，在我們對面坐了下來。我記得她的煙癮很大，每天起碼抽一包。她看著我們笑笑，沒有說話。

手裏有煙，感覺上就自然得多，最低限度，不說話的時候，還有事情好做，我首先打破了沉默：

「怎麼好像就只有你一個人在家？他們呢？」

「現在就只有我和小妹啦，她今天值班，要很晚才回來。」

「你媳婦呢？」

「一放假她就帶孩子回娘家去了，她說要過了年才回來，我不答應，無論如何我也要她年前回來，這是我們中國人的老規矩。老二住廠裏，要禮拜六才能回來……。」

她說話的語氣神態還是老樣子，帶權威而囉嗦。

我看她眼神有點渙散，比幾年前蒼老多了，雖然還修飾得很入時，還是掩飾不了她內心的憔悴。她凝視著我們，好像想在我們的臉上找尋來意：

「怎麼你們這麼久不來我這裏玩了呀？老太太去世了，你們就不理我們了？難道真的是人在人情在嗎？」

她明知自己說的是假話，根本就不是這麼一回事，我不好說出來，知道她脾氣就好。老妻卻沉不住氣了：

「那裏唷，我們是不敢來，怕你把我們攆出去呀！」

她神態很不自然的在轉變著，同時擠出尷尬的笑容，我忙用話岔開，幸好老妻警覺快，馬上改變了口氣：

「我是故意和你開玩笑的，我們時常都說老太太好福氣，有你這麼一位賢慧能幹的好媳婦。好心有好報，你將來的福氣會更好。」

她臉上果然又有了得意之色，那是她最希望得到的；別人讚賞她的美德：

「還說呢！侍候老太太一場，沒有功勞也有苦勞，他不但沒有半句感激的話，老太太一走，他馬上就變心，經常都往外面跑，連星期假日也找藉口不回家，好像這個家和孩子是我一個人的。後來，居然還弄一個狐狸精，你說氣人不氣人。像我這樣的苦命，還有什麼福氣可言。」

我知道她的脾氣，和她分析說理毫無用處。只有順著她，恭維她，才能把事情辦好。昨夜我幾乎失眠，就是為了想對策：

「奎仁這件事完全做錯了，所以這幾年他在外面吃了不少苦頭，這是他的報應……。」

我知道老妻在瞪著我，神情比孟大嫂還要驚訝，我沒有理會她們，繼續我的計策：

「……像他這樣沒良心的人，如果不是看在當年老太太對我們愛護，大嫂你又把我們當自己的兄弟看待，我才懶得理他……。」

我停下來喝口茶，瞄一眼她們的反應，那表情，很好笑。不過，我仍然擺出肅穆的態度：

「……前幾天他打了個電話找我去談談，說是有事情商量，我看他自己煮飯吃的那種孤寂簡陋情形，實在可憐！」

果然如我所料，我的計策有了反應：

「這就怪了，他們去看過他，都說爸爸的生活過得很好。」

我心裏一怔，說話要小心了。撒謊真不是件好事：

「他們當然是這樣說，否則，唉！不要提它了。那天奎仁找我去，對我說：他要搬到山上去住。他到山上幹什麼？去當和尚不成？我聽了心裏很難過，所以才來跟你商量，你說這該怎麼辦？」

她專注的聽我說完，猛吸著煙，半天都不說一句，最後才幽幽的說：

「那是他自己的事，我管不著。」

出乎意料的，她態度變得溫和多了：

「大嫂，我看你這次不管不行了，他這麼任性的人，如果他再一走，你們夫妻難道就這麼分手不成？」

沒想到我話一出，她竟飲泣起來，弄得我好為難，一時不知如何是好？我沒料到她今天的情緒會這麼脆弱，不用說，她這幾年的心境一定很苦，否則，她這麼倔強的性格，不可能會在別人面前崩潰的。

想當年老太太在世，她是多麼能幹的女人，偌大一個家，裏裏外外，大小事情，都是她一手包辦。奎仁事業一帆風順，老太太又歡喜熱鬧，乾兒乾女一大堆，平常日子裏客人就不少，逢到老太太生日或年年節節，熱鬧的情形簡直是門庭若市，車水馬龍。她人情世故，應付得頭頭是道，沒有人不讚佩她的。老太太去世後，她忽然變得專橫霸道，近乎心理變態。奎仁在無可奈何的情形下也離開了。這個家，兩個重心一走，她就是再能幹，再有本事，也無從施展了。孩子長大後，也不再那麼服從。難怪她顯得那麼落寞、心境那麼淒涼。

老妻看著她，也傷感起來，我看她打開皮包找手帕，然後坐到她身旁、安慰她。我心裏也不免唏噓。

我們凍結了多年的友誼，終於化開了。

我想安慰她，也希望趁機說動她，我懇切的對她說：「也難怪你難過，這幾年，你一個人挑起這個家庭，裏裏外外的事情那麼多，也夠辛苦委屈的。現在國家又遭逢困難，事情更多了。所以，我認為你最好讓他回來，夫妻終究是夫妻，有事情，兩人一塊挑。你如果同意我的建議，我就去勸阻他，不准他一錯再錯。」

她默然的站起來進去了，出來的時候，拿了個熱水瓶為我們添開水。眼神裏滿含怨恨之氣。放下水瓶，她又坐回原來的位子。聲音冷漠，表情黯淡：

「不必勸他，讓他去吧！這些年沒有他，我也是這麼過了。就算以後有什麼大風大浪，相信我也挑得起，不管他怎麼對我，我對得起他們孟家就是。」

我最怕就是這種冷漠的態度，令人無法捉摸。我只有懇求她了：

「大嫂，事到如今，我想我們不要再存成見，說鬥氣的話了。我希望你能忘了過去，放開胸襟，我們才能平心靜氣的商量事情。」

「有什麼好商量？這是他的家，他走的時候沒有打個招呼，他要回來，誰又敢阻攔他？」

「我是說如果你不歡迎他，他回來也沒有意思。」

她苦笑笑，帶點不屑的神態：

「你要我怎麼歡迎他呢？我為他奉養老母，為他生兒育女，為他操勞家務，結果呢？他在外面有了小公館，搬出去享福了。現在人家不要他，又要我去歡迎他回來？吳大嫂，你說句公道話，如果你家先生這樣，你會去歡迎他嗎？」

老妻向我微微的搖搖頭，示意我不要再說了。我的退堂鼓未響，我仍要努力，盡一切可能，為老朋友，挽回她的心。

「孟大嫂，我想我的話也說得差不多了，再說你也不會聽，不過有一點，你必需要知道的，你和奎仁鬧翻的時候，他們並沒有在一起，是你把機會讓給他們的。」

「鬼才相信，他搬出去以前，他們早就同居了。」

「我可以向你保證，沒有。奎仁由家裏出來，就住在我那裏，那時候，他根本沒有地方好去，是你給他們機會的。這點，你的孩子們也知道。」

她神情已經顯得十分不安，臉色也變得更難看：

「你們既然知道，為什麼不說？」

我非常小心而溫和的告訴她：

「那時候，你根本不給我們説話的機會。後來，已經成為事實，説也多餘了。所以我説，你如果把你們夫妻的不和完全怪在奎仁身上，有點不公平……。」

我真怕她會跳起來，我一直注視著她，她看來有點氣急的樣子，胸部起伏很快，幸好慢慢又緩和了。我才放心説下去：

「……現在事情已經過了這麼多年，你如果願意平心靜氣的想一想，你就會發現，你自己也有過錯。你當時如果能尊重他，信任他，不那麼鑽牛角尖，不那麼斬釘截鐵，可能不致於弄到今天這種地步……。」

我停下來，想讓她説話，只見她眼睛平視著前方出神，不知道在想什麼，只要她不生氣，我就有機會説服她：

「……我不是有意提起舊事來傷你的心，只希望你能瞭解事實的真相而已。我希望你能看在我夫婦的份上，原諒他，再給他一次機會，讓他回家吧！」

「是呀，快過年了，如果你們夫妻團圓，我們今年又可以來玩了，好久沒有吃你做的蘿蔔糕，你今年可以多蒸點給我們吃吧！」

老妻說話隨便而坦率，說完還碰碰她的手，等她答覆。

她的情緒已經穩定了，她把凝視著遠方的眼光收回來，側起頭來看看老妻，臉上現出了寬容的笑意。我看在眼裏，如沐春風，心裏感到無比的快慰。她的聲調很緩慢：

「你如果想吃，我就做，我也好多年沒有做了，自從……。」

她說到這裏，臉上又現出一點窘意，停住了。我看出她已盡了最大的克制功夫來約束自己，能夠這樣，十分不容易。談話到此可以結束了，有這麼好的開始，我預期未來的一切都美滿。

我們告辭了，她態度和悅的送我們到門口，院子的花草樹木修理得整整齊齊，那棵老太太喜歡的桂花樹仍然那麼茁壯的兀立著，花圃裏的菊花、玫瑰、杜鵑，在燈光下依然那麼嬌艷。雖然是嚴冬時候，卻已經有了春天的氣息了。

最近國家遭遇重大困難，人們的心頭都有一股難平之氣。好在春天就快來了，當春回大地萬象更新的時候，也就是我們國家國運轉機的時候了。

到那時候，國家也好，家庭也好，都將有一個新的開始，我默默的祝福著。

觀光？觀光！

崔平的太太明天就要到香港觀光了，今天晚上，他們夫婦仍然有應酬。

崔太太眉開眼笑的打扮像個貴婦人，準備去參加晏會。崔平的情緒正好和太太相反，他非常不高興的跟太太坐上計程車，一路上，他沒有和太太說一句話，車一停下來，他就遽然的開了車門，逕自向飯店裏走去。

崔太太急忙打開皮包，抽出張百元鈔票給司機，她忘了看跳了多少錶，把找回來的錢往皮包裏一塞，匆匆的鑽出計程車。

崔太太四處掃了一眼，先生已經不見了。

往常，參加朋友的晏會，在這種情形之下，先生一定會停下來等她，或是扶她一把，兩人併肩走進飯店裏的。

現在，先生不理她自己先進去，這種無禮的舉動令她不悦，但又無可奈何，只好忍耐著，悵然的追了上去……。

最近，崔太太夫婦應酬頻繁，幾乎都是為崔太太出國觀光而餞行的，親友中如親家、乾親家、老鄰居，還有已經發達了的老朋友等等……。

崔先生對這種應酬很不以為然，出國觀光，純屬個人的事情，實在沒有理由驚動親友的。他已經規勸過太太好幾次：出去玩玩，開開眼界，不是什麼大不了的事情，不必逢人便告訴……。無奈太太不聽：

「笑話，告訴別人有什麼關係？出去觀光，又不是偷偷摸摸見不得人的事，他們出去我也曾請過他們，我現在出去他們請請我，也是天經地義的事，吃頓飯也值得這麼大驚小怪的？真是……。」

崔平不明白現在的人怎麼會變得這麼奢靡，動不動就上館子大吃一頓，實在沒有必要。就像今天晚上的應酬，純屬多餘，女兒教鋼琴的一個學生家長，不知怎麼轉彎抹角的和太太走動起來的：

「太太，這種交情我們不能接受，請客多少總要有原因？他們的目的是什麼？」

崔太太對先生這種一板一眼，不帶人情味的看法，很不欣賞。她有點不屑的瞥先生一眼：

「人家陳太太的孫女跟我們女兒學鋼琴，我和她都是做了祖母的人，很談得來，她知道我要去香港觀光，請我吃頓飯，這就是理由，夠不夠？」

崔平認為這個理由簡直莫名其妙，八竿子打不著的關係，怎能貿然接受。他知道無法阻止太太的膚淺幼稚，只好由她去：

「要去你自己去，我不去。」

崔太太扯高嗓門，睜大眼睛：

「人家陳先生就是為了要認識你，所以才……。」

崔平由鼻孔裏哼了一聲：

「認識我幹嘛？我又不是什麼大人物……。」

「別這麼不通情理，人家請的可都是有頭有臉的人物呢，我已經答應人家準時到的，你非去不可。」

對太太的濫交朋友，崔平感到非常不滿意，但還是拗不過太太的固執，終於還是去了。去是去了，不過他心裏卻很不自在，所以一路上他都沒有和太太說一句話。

崔太太追上了先生，看見先生就站在大門口入口處，神情木然的佇立著。原來他不認識請他的主人，也不知道在幾樓幾室，只好等太太帶路了。

崔太太以為先生在等他，不覺綻顏的笑了起來：

「看你急成那個樣子，時間還早呢！不必那樣緊張的。」

崔平瞥著一肚子的氣斜睨著太太，喉嚨不住的吞怒火。一位結著領花的服務員很有禮貌的走過來微微一鞠躬：

「請問二位是崔先生崔夫人嗎？」

崔平滿肚子火沒處出，狠狠瞪著他：

「正是。」

崔太太聽出先生說話的火氣，心裏又不安起來，她故意對著大鏡攏攏頭髮，扯扯衣服，慢吞吞的跟服務員到一間裝潢得非常富麗的房間裏，她看見桌上的餐具擺設，知道是一間氣派不凡的飯店，不覺瞥了先生一眼，面現得意之色。

崔太太熱烈的和大家打招呼，和先生介紹。在座的幾對夫婦，都是可以拿得出名片上印著一連串頭銜的人物。崔平接過名片，淡淡的點點頭，冷冷的摸摸口袋，勉強擠出點笑容：

「抱歉，我忘記帶名片了。」

主人非常慇勤的招呼客人入座，氣氛倒也熱鬧。

崔平冷眼注意太太，看她非常熱衷的注意著那些行家太太們提供買東西的意見。大家都以專家自視：

「……你到香港最好不要買玉器，假貨太多，買白金手飾比較划得來……。」

「要買玉器就要到新加坡，一分錢一分貨，錯不了。人家政府對賣假貨的罰得重，管得嚴，所以……。」

「是呀！去年我到美國看兒子，專程去了一趟新加坡，為的就是……。」

「你看我這隻新玉，跟出土的有什麼分別？就是在……。」

「……香港買鑽戒還可以，自己戴的沒問題，有幾家鑲工很不錯，你要買我可以和你介紹……。」

崔平偷偷的嘆了口氣，可憐的太太，好不容易熬到今日的光景，兒女長大了，生活的重擔算是卸了下來，剛剛擺脫了窮困，可以過一種比較安閒舒適的生活，卻又把自己投入另一種貧窮的境界裏。以我們家每個人的成就收入來和他們比，永遠都是貧窮的。唉！何苦要這麼不自量力呢……？崔平有了更多的隱憂。

上菜了，有位侍者把桌上擺著那瓶洋酒的瓶蓋打開。主人站起來豪爽的在侍者手裏拿過酒瓶，乒乒乓乓的把酒倒在幾個大玻璃杯裏，再把它分倒在小酒杯上，溢出來他也不在乎。崔平瞄著那瓶酒，水晶瓶裝的白蘭地，XO年份的，怕不要好幾千？主人的豪邁親切，反而糟蹋了好東西。可惜了，可惜了！崔平望著杯上溢出的酒，無限惋惜。有錢人不珍惜東西，真是罪過。他覺得在錢上最容易暴露人性的淺薄缺陷。現在國家遭逢了這麼大的震撼，還不能把這些人奢侈的習慣震掉，實在令人痛心。

那頓飯，崔平雖然喝了不少好酒，心裏就是不爽快。

席散時，陳先生堅持要司機送崔平夫婦回家，崔太太幾乎接受了。是崔平說要去看個朋友才作罷。

一出飯店，崔太太就埋怨他：

「人家要送我們你為什麼不肯？我們還可以省幾個計程車錢……。」

崔平忿然一笑：

「算了吧！賞司機的錢我可以坐好幾次計程車了。我不領這個情。」

崔太太沒有作聲了。她仍然沉醉在豪華的氣氛裏，有點飄飄然。她幾次找先生說話，先生都裝著喝醉了，閉目凝神作入定狀。車一到家門口，她打開皮包付了車錢，出得車來，先生又不見了。她心中驟然昇起一股惱意，太過份了，好不容易才有機會出去觀光一番，先生卻處處給她難堪。幾十年夫妻，她現在才後悔嫁錯了人。後悔又如何？除了嘆氣，夫復何言？

她嗒然若有所失的在門口站了一會，長長嘆了口氣，才拖著緩慢的腳步回到家裏。

剛踏進客廳，瞥見先生已換了睡袍，啣著煙斗，靠在沙發上和兒子一塊看電視，有說有笑，一付怡然神態。她忽然有所悟，這次觀光，她才發現先生對她的感情的吝嗇。她狠狠的瞪他一眼，快快的走進房裏。

崔太太的女兒看見母親回來，如釋重負：

「媽，您倒真放得下，行李到現在還沒有整理好，那麼亂，明天就要飛啦！」

崔太太看見女兒和媳婦在房裏幫她收拾行李，放心了。這幾天，她的心思都用在應付親友的交際應酬上，她從來沒有被這麼多人關懷過，她自覺一生都是為家人而活著，現在才發現自己的存在。她是有點沾沾得意，可惜先生不體惜……。唉！

崔太太換了便裝，牽著孫兒到客廳。她一向不飲酒，剛才看見兩位太太的酒量，不免也衝動的破例喝了一杯。現在有點倦了。她看見先生臉紅紅的酒意尚濃，一時火氣又湧上心頭，故意坐得遠遠的不理他。兒子遞給她一杯熱茶，笑著問她：

「今晚的菜如何？」

崔太太正口乾，茶來得正是時候。兒媳對她很孝順，這是她最大的安慰。崔平看太太不答腔，慢吞吞的說：

「菜平平，豪華飯店吃不到好菜的。倒是那瓶酒夠意思，只是給那些暴發户土包子糟蹋了。」

崔太太最恨先生批評她的朋友，她認為先生完全是有成見，不覺輕蔑的瞥他一眼：

「哼！人家有錢就是暴發户土包子，你有學問，你清高，你那麼高尚剛才為什麼要喝人家的？人家叫你乾杯就不曾見你拒絕過。平常你和朋友聊天，口若懸河，滔滔不絕，為什麼剛才人家跟你說話你裝聾作啞？真丢人。」

崔平心情反而開朗起來，可能是喝了酒的關係，他望著太太笑了笑：

「在公共場合陌生人面前炫耀財富的人，不是暴發户是什麼？你要我對他們阿諛一番，信口開河瞎謅一堆廢話嗎？你明知我不是那種人。所以說，你以後不要再叫我參加什麼晏會了，免得……。」

崔平忽然停住了，在兒子面前，他從來不和太太爭執的，他要保持做父母的尊嚴。他兒子在注意著電視沒有察覺父母的不愉快，反而追問他們：

「什麼土包子？什麼糟蹋了？」

崔太太氣難消，可能也是與喝酒有關。有兒子在，她倒希望兒子能幫幫她。她故意提高嗓門：

「人家請他吃飯又沒得罪他？那麼自命不凡幹什麼？人家喝酒他也看不順眼，真是的。」

崔平泰然一笑：

「我有什麼不順眼的，他有錢喝洋酒關我什麼事。只是，唉，那種牌子，那個年份的好酒，我還是頭一次嚐試，實在是讓他給糟蹋了。那有把白蘭地當紹興酒倒在大玻璃杯裏，再倒到小酒杯的？唉！糟蹋了好東西，真是土包子。」

崔太太聽得莫名其妙，她覺得先生完全是不知所云：

「人家喜歡那樣喝有何不可？誰規定喝酒的方法的？我看你完全是小家子相，自己窮酸還要笑別人。我等會打個電話給陳太太問問今天的酒是什麼牌子的……。」

崔平盯著她費解的問她：

「幹什麼？」

「我這次出去帶兩瓶回來給你呀，讓你喝個痛快，你就不會再那麼酸溜溜的了……。」

崔平一聽嚇了一跳，急得幾乎說不出話來：

「千，千萬不要、千萬不要，別人請客嚐一點也就罷了，自己千萬不能買。這些奢侈的東西我們買不起，千萬記住不能買。」

他們的兒子看見父母為這種事爭執、也覺好笑：

「媽媽要買給您喝，您就接受媽媽的好意吧！何必要掃媽媽的興呢？」

崔平看見兒子也這麼順著她，難怪她會越來越慕虛榮了。他忽然想到需要找個時間和兒女們談談，否則……。媳婦打擾了他的思緒，他看見她拖了個箱子出來：

「媽，東西我們都整理得差不多了，這個箱子是人家托您帶到香港的東西，上面都寫有字，您對照著這張單子就知道是誰托的？帶給誰的了……。」

媳婦還沒有說清楚，女兒也拖出一個大袋子來：

「媽，您過來看看，這個袋子裝的是您帶去給人家的東西，有些是人家送給您的，加上自己買的，統統放在一塊，您可不要把它跟那個箱子的混亂了……。」

「媽，這張單子可不能弄丟，都是別人托您買的東西，王奶奶的紅花油，朱阿姨的白鳳丸，統統都有地址的，她們說您一定要按地址買，才沒假貨，您看看這張單子，夠您買的。」

崔平看見太太全神貫注的盯著那些單子，他瞥一眼裝得滿滿的大包小包的東西，不住的搖頭。這那裏是去觀光？分明是跑單幫嘛！這樣的觀光，精神負擔太重了。他不明白太太為什麼要找這些麻煩？難道說苦苦盼望到的出國觀光，就是為了幫人家帶東西嗎？

一陣電話鈴又打斷了他的思緒，兒子把電話交給母親：

「是呀……我剛剛才回來……推不掉嘛……還好……不用啦……謝謝你……真的不用了……回來再見……好的……我會的……再見……。」

放下話筒，崔太太裝著十分無奈的望著先生噓了口氣。

崔平含蓄的笑笑，幾次想說話都嚥了回去，停了一會，實在沉不住氣了，還是說了出來：

「……政府開放觀光，讓大家都有機會出去走走，開開眼界，原本是一件輕鬆愉快的事情，你卻把它弄得六親不安，全家不寧，一家人的生活都跟著亂了步驟，何苦來哉？」

崔太太壓制著火氣，想到明天就要走了，她盡量容忍著，盡量表現溫和：

「你是怎麼啦？政府開放觀光，規定每人一年可以出去兩次，我現在才去第一次，你就這麼不順眼，凡事都推三阻四的。我也是這幾年才交些朋友走動走動，享受一些人情味你怎麼老是煞我風景……。」

崔平還有一大堆話未說，都嚥回去了。為了這次觀光，他和太太已經起了好幾次風波，一點好處都沒有。所以，還是由她去吧，只要她高興就好。他站起來，伸了個懶腰：

「不談了，我要早點睡覺，我明天還要開會，不能送你，等你回來再去接你好了。」

崔太太有點意外的看著先生，雖然話不投機，她還是希望先生對她體貼點的。她悻悻然的望著先生的背影消失在臥房門口。連她的孩子們催她去睡覺，向她道晚安，她也惘然。

第二天，崔太太在親友家人的歡送中，依依搭上了飛赴香港的飛機。

十天後，崔太太回來了。崔平率領家人浩浩蕩蕩的到機場去迎接她。

崔太太滿面脹紅，頭髮不整的挽著，提著，拖著大包小包的行李，出現在入境的門口。她一見到家人就嚷了起來：「氣死人哪！每樣東西都是正正當當的，都是我們花錢買的，憑什麼他們要把我們當犯人般搜查……。」

崔太太的兒子難為情的跑上前去接過母親的東西，聲音非常細小的勸阻她：

「媽，這裏人多，小聲點，何必嘔氣呢？不值得的，……。」

「嘔氣？你看他們把我的東西翻到什麼程度？也不幫忙撿起來放回去，就這麼一推，好像東西是他們施捨給我似的，看他們兇巴巴冷冰冰的面孔，我就……。」

大家都覺得很難為情，只有崔平瞭解太太的心情，她在家裏一向是發號司令，養尊處優慣了的，一旦自己單獨面對社會，自然有很多看不慣的事情。他知道一時無法解釋，也無法壓下太太的火氣，只好挽著她匆匆的離開機場鑽進計程車。

回到家裏，崔太太馬上開始處理帶回來的東西，客廳裏頓時熱鬧起來。仍然是去時的情景，只是比帶出去的時候凌亂多了。

崔平瞧著已經疲憊不堪；眼眶都發黑了；仍然興致勃勃的太太不住的搖頭。人在環境轉好的時候，都會追求自己的理想與興趣的，難道她追求的就是這些麼？

崔平忽然覺得對太太一點都不瞭解！

夜已深，一切都趨於平靜了。只有崔太太的心情仍然無法平靜下來。她頹然的靠在客廳沙發上，心中煩亂至極。她媳婦猜到她的心事，悄悄的走到她身旁：

「媽，您還是去睡吧！一切明天再解決。」

崔太太愁容滿面抬起頭來看看媳婦，嘆了口氣：

「真沒想到，實在沒有想到，幫別人買了東西，幫別人帶了東西，自己反而不能帶了。剛才看了單子，還有這麼多人沒有東西可送的。而人家又送過東西給我，有些還請我吃過飯。你說，這該怎麼辦？出去一趟，不帶些手信，多失禮。」

崔太太的媳婦像是胸有成竹的笑了起來：

「沒有關係，明天我們偷偷的去晴光市場一趟，那邊專賣香港貨，應有盡有。我們把要送人的東西整理一下，看看缺少什麼？我們再去添購就是。」

有了補救的辦法，崔太太總算放心了。只是仍然感到對媳婦有虧欠，她答應買個好手錶給媳婦的：

「茵茵，小妹拿去的那隻手錶，我原本是買給你的。唉！都怪我……。」

「沒關係，下次媽媽出去的時候再給我買好了。」

崔太太疲倦的闔上了眼睛，靠在沙發上，心裏一陣悃然。腦海裏只盤旋著兩個符號：下次！下次？

送別

很意外的接到一封遠自美國的來信，我愕然的端詳了一會，才想起那是董彤寄來的。自從他走了以後，很久沒有他的訊息了。朋友們相聚，大家問起來，都不知道他的狀況。我興奮的拆開信，看到的只是寥寥幾句話：

……我將於下月初回來，確實日期要買到機票才能決定，詳細情形見面再談，請代安排住宿……。

這樣的信看得我好疑惑，因為，他走的時候；曾經說過不回來了。所以，他走的時候，我們的心情都有永別了的感慨！現在，他又說回來了，我心裏當然高興。我相信我的太太知道了會更高興，只是不知道他究竟為什麼回來？是在兒子家住不慣回來？還是病了回來，還是……，一連串的問題湧上心頭，不免又想起了很多前塵往事，特別是他出國前大家為他送別的情景，現在回想起來，仍舊令人欷歔不已！

前年，春節過後不久，有一天，隱居在新竹的董彤忽然帶了行李到臺北來找我，乍一相見，嚇了我一跳，他大概看出我的驚訝，站在門口，沒有跨進門來，只對著我笑了笑：

「不認識我了？」

老天爺，他是董彤？才多久不見，怎麼變成這個模樣了？眼睛深陷、臉孔變短、嘴唇向裏縮，面頰上的肉不見了，看到都是皺皮，顯得鼻子特別大。我惶然的望著他，伸出生硬的手和他握著，發現他連說話都變了：

「董老，又有好久未見，怎麼忽然會來的？請進請進。」

董彤吃力的提起箱子，仍然站在門口，笑容依舊：

「我來借住幾天，可以嗎？」

我又嚇了一跳，他的嘴巴空空的，原來牙齒全不見了，怪不得說話變了腔：

「什麼話嘛！你現在已經變成稀客了，我歡迎還來不及呢！快快進來，怎麼像個外人似的？」

我幫忙他把行李提進來，定了定神，才恢復正常，不覺笑了起來，我盯著他凹進去的嘴巴：

「要是在街上我真不敢認你了，怎麼會變成這樣的？」

他嘆了口氣，疲倦的靠在椅子上，喝了口我遞給他的茶，神態帶點落寞蒼涼的笑了起來，嘴角的紋路好深：

「說來話長，我喘口氣再告訴你好嗎？方嫂呢？」

「她去買菜就快回來了，你吃過早飯了嗎？」

「吃是吃過了，不過你如果有東西，我還可以再吃一點。」

我急忙進廚房把早上吃剩的皮蛋粥熱一熱，盛了一碗給他，看他吃得津津有味，心裏莫名其妙的一陣難過起來。我瞥一眼那隻大皮箱，不解的問他：

「我看你這個大箱子，不像是住幾天的樣子，倒有點像出遠門了，你這是怎麼一回事？」

他吃完粥，精神好多了。眼神帶點惘然的看著我：

「這麼快就給你猜對了，這次的確是出遠門，而且還是一次沒有歸期的遠門。」

沒有歸期？我心頭一震，再望望他的面容神態，莫非得了絕症？我忽然感到手足無措，連忙又去給他斟一杯茶。

「有話慢慢說，不急不急……。」

我把椅子拉前點，聚精會神的坐在他面前：

「……倒底是怎麼回事？你慢慢的把情況告訴我，也許我可以給你提供點意見。沒有必要，千萬別開刀，只要不開刀，你就……。」

他咳了一聲打斷了我的說話，我惶然的注視著他：

「……你現在感覺得怎麼樣了？」

他拿起茶杯詭譎的望著我，長長的嘆了一聲：

「人生聚散無常，該聚該散，非人所能勉強。我們還有幾天的時間好聚，我想……。」

門鈴打斷了他的說話，一定是太太買菜回來了。我心中戚然的站起來去開門，果然是她。她一進門看見董彤，驚訝的情形比我更甚。拿著菜籃一直走到董彤面前，瞪呆了眼：

「你？你是董伯父？」

董伯父是孩子們叫的，她也跟著叫慣了。董彤忙站起來和她打招呼，隨即又坐下去，顯得很疲累：

「方嫂，我又來打擾你啦！你還認得我，可見我還沒有什麼變，我只是……。」

「你的牙齒？」

我太太指著他驚叫起來，董彤倒像若無其事，淡然的笑笑：

「已經做好了，等會就可以去把它裝好的，這幾天……。」

「你原來的呢？你本來就有假牙的呀？」

「原來那付因為剩下那幾隻搭橋的真牙也鬆了，我想這次出去，也不知道那邊的情形如何？乾脆把它拔光了重新做過一付，一勞永逸，免得將來有問題還要給他們添麻煩。」

我一聽鬆了口氣，難為情的瞥他一眼，正好與他捉狹的眼光相遇，大家都有點心照不宣似的笑了笑。太太發現那些行李，吃驚的問董彤：

「好大的箱子，這麼多行李，你要出國不成？」

董彤點點頭，沒有答話。我想起他剛才說的「沒有歸期」，不知到底指的是什麼？怎麼會只有幾天時間好聚的？

「你要搬到黔生那裏去？」

「是的。」

「不回來了？」

「不回來了。」

記得那年董嫂去世，他們的獨子黔生帶著妻兒由國外回來奔喪，事情完結後曾求父親接受他的迎養，被他拒絕了。我們這些老朋友怕他觸景傷情，也曾勸他去兒子處納納福，他也認為沒有必要，不可能去的。怎麼現在又變卦了。

「我記得你曾堅持拒絕出去的，為何現在又改變主意？」

他閉目凝神，一付無奈的表情，沉思一會才嘆了口氣：

「我現在仍然不想去，無奈身不由己。不瞞你說，繡蓮走時，我實在難以獨處，那時候，我好想跟黔生一走了之。但是想到我走後必然會給他們平添麻煩，為了免得增加他們的負擔，我才不去的。現在，我已經習慣了自己的生活，也過得很充實。可是黔生仍然不放心，不斷的寫信或請朋友來游說，希望我搬去住，我看他那麼誠懇，如果堅持不去，也會增加他的精神負擔。因為他說如果我不去，他連工作都不能專心。所以，幾經思量，還是去好了。反正我活著已無目的，能讓兒子安心工作，無遠顧之慮，我也安心了。做人但求心安理得，你說對嗎？」

聽完他的話，我已無話可說。可憐天下父母心，到了晚年，還是為兒女們著想。但願他能在國外生活得愉快就好。

我太太和董嫂沾點遠親關係，抗戰時，我們兩家在一塊，曾經大家輪流開伙過。幾十年來，我們仍保持著很好的友誼，直到董嫂去世，董彤才變得孤僻，也少和朋友們交往了。他以將軍的身份，安於教書。我相信他能適應新環境的。他出國手續有他兒子的學生幫忙協助，辦得很順利。現在一切已經就緒，連機票都購妥了。他說這幾天要找些老朋友聚聚，以後恐怕沒有機會了。

我把那間他慣常住的小書房整理好，讓他休息一會，我才陪他去把牙齒裝上。裝上牙齒看來就不一樣，下顎飽滿起來，腮骨就不再那麼顯露，面貌回復了往時的溫厚。雖然憔悴了很多，精神仍相當健旺。

這幾天，幾位老朋友輪流作東，為他送行。大家都認為他兩邊住住可以，不必移民式的搬去兒子處定居。老年人離鄉背井的生活很不容易適應，應該先去看看，不能這麼貿然決定的。無奈董彤的脾氣一向固執，他有自信的事情，他就不再考慮了。老友團聚，離情別緒，總是傷神的多，幾日下來，董彤也感到身心俱疲了。

董彤走的前一天，他推卻一切應酬，由我陪他去向他妻子的墳墓辭行。早餐後，我們就開始出發。

春節過後不久的天氣，早上寒意很重。我和董彤僱了計程車，在六張犁極樂公墓的山腳下停了下來，董彤要去買香燭，我叫車稍等，董彤認為不必，他說要走路上去。他的精神體力已經透支，我真為他耽心。

他到店裏買了香燭，又到花店裏買了一束鮮花，我叫老闆也給我選一束，卻被他阻止了：

「我看你不必買，反正是一點意思，你今天陪我來，她已經夠感激不盡了。」

他的語氣好淒涼，我順著他的意思，看著他動作緩慢的付了錢，拿了香燭鮮花，緩步的走向山路。

我買了幾個桔子，跟在他後面，他只顧默然的向前走，好像忘了有伴隨行了。這幾天他住在我家裏，我發現他時常都有神不守舍的現象，這現象很令人耽憂。他明天就要遠行，要搭二十幾個小時的飛機，到遙遠的異邦就養於兒子，如果心境不振作，如何能開始另一種生活？

看著他那微弓的背，蓬鬆的華髮，西裝也鬆垮垮的，已經不合身了。他微昂著頭，踽踽的向前行，以一種傲然而固執的神態，接受命運的安排。

上坡的路才走了十多分鐘，離目的地還有一大截的路程，我已經感到累了，我輕輕的走到他身旁：

「董老，累了吧？你剛才不應該叫計程車開走的，還遠得很呢？這裏可沒有車叫。」

他把腳步放得更緩慢，隔了很久才幽幽的說：

「沒有關係，慢慢的走吧！這是我最後一次來看她了。」

向老伴辭行，心中的酸楚可以想像得到。我怕他的情緒一直陷在低潮，影響他明天的遠行，只好想些話安慰他：

「不要這麼說，現在交通發達，二十幾個小時的行程算得了什麼？等你到那邊安定下來，時常都可以回來的。」

他長長的嘆了一聲：

「難了，像我們這種年紀，只要能安定，就那裏都不想去了，何況行動一趟也不容易，什麼事都需要他們年輕人代勞。我不想再給兒子添麻煩了。」

「你這麼事事為兒子設想，不太苦了自己？你將來與兒子住，要他們服務的事更多，你這種思想需要修正。」

他不再說話，我也想不出什麼話說了，從前，我們都是搶著說話的人，見面就滔滔不絕，現在，一切都變了。我們變成兩個陌生人，客氣，沉默。我們像散步似的向前走，山路阡陌，排滿了墓垣，滿眼都是青翠的松柏，和早開嬌艷的杜鵑，可惜我們都沒有心境欣賞，我為這兒的花感到委屈。又轉了一個山凹，快到了，董老加快了腳步，我也跟了上去。遠遠的有幾個人在前面的墓地上談話，聲音越來越大，方向就在董嫂的墓前，我們急步走上去：

「哈哈！你們終於來了……。」

我抬頭一看，原來是黃靜老幾位老朋友，我心裏一陣興奮，不覺大聲叫了起來：

「你們是怎麼來的？要來為什麼也不告訴我們一聲？」

董老上前和大家握手，我看他有點激動，因為他連一句「不敢當」的話都說不出來。握完手他就低頭去弄墓地，墓前已擺了一大束鮮花，一定是他們拿來的。他細心的拔著水泥裂縫中長出來的小草，耐心的撿起墓地上的細小的枯葉，看著他那弓起的背，心中好難受。好在人多，我連忙轉移了視線。大家幫他解開了紙包，他的手有點顫動，我們幫他點上香燭，他恭恭敬敬的鞠躬，我們也行了禮，他的表情肅穆得令人吃驚。逗留太久對他沒有好處，我們幫他把香燭焚化完畢，看著火完全熄了，才拖著他離開墓地。前面有個小亭，我和董老實在需要休息一下，他們四個人剛好一部車直上山頭，所以不覺得累。大家在亭裏圍坐著，胡樵老點了一支煙遞給董彤，我剝了個桔子給他，我又渴又累，需要好好的休息一會才能下山。董彤吸完那支煙，面色正常多了，他眼睛又瞧向墓地，好像自言自語一般的小聲說著：

「以後沒有人來看你了，你要變成荒地了……。」

樵老馬上接口：

「這點你放心，這裏的老朋友多，剛才我們已經去看過余震夫婦和鄭華兄了，那邊還有好幾位，一年之中，我們總有機會來這裏的，我們會時常來看董嫂，你放心好了。」

「最好還是自己回來看看，到兒子處住一段時期，過了癮就算了，何必終老他鄉，連朋友都沒有一個，落得個……。」

「董老，今天我們幾個老哥老弟在這裏為你送別，心裏很不是滋味，我們都希望你能回來，都希望……。」

董老的眼睛噙著淚水，平視著前方，幾次欲言又止。我知他心裏十分淒苦，人生至此，也是最甚哀了。

「我忽然想起李叔同的送別詞，我記得那幾句：

『長亭外，古道邊，芳草碧連天。晚風拂柳笛聲殘，夕陽山外山。天之涯，地之角，知交半零落。一觚濁酒盡餘歡，今宵別夢寒。韶光逝，留無計，今日卻分袂。驪歌一曲送別離，相顧卻依依。聚雖好，別雖悲，世事堪玩味，來日後會相予期，去去莫遲疑。』

我記得是這樣，不知道有沒有錯？董老，記住來日後會相予期啊！」

董彤終於掉下了眼淚，欷歔的又何止他一個！

這些，已經是兩年前的事了。兩年前為董彤送別的黃靜老，去年已經作古。正是知交半零落，別時容易見時難了。

董彤信上説下月初回來，下月初正好是清明，看來他是趕回來掃墓的。能回來就好，能再見面實在不容易。我興奮的把這好消息告訴太太。同時也把這好消息盡快的告訴我們的朋友。

荔枝成熟時

又到荔枝上市的時候了。

每逢荔枝上市，在廣州市長大的易靜芝，心裏就會感到特別的溫暖。

靜芝的家人親友都知道她愛吃荔枝，只有她的丈夫余慕峰才真正瞭解她的心情，知道她喜歡的，還是她對荔枝那份懷念的情懷。還有那條在她心田裏潺潺的流著，永遠不停的流著的小溪流——荔枝灣。

一天下午，下班的時候，余慕峰與沖沖的捧了包東西回家，一進門就嚷了起來：

「靜芝，快來，你看我買什麼東西回來啦！」

靜芝匆匆的由樓上下來，以為發生了什麼事情，看見先生用報紙包著一包東西回來，才安了心。不覺皺起眉頭，慕峰向太太神秘的笑笑：

「猜猜看，猜對了明天加倍再買。」

報紙包得很零亂，再說慕峰一向沒有買東西的習慣，靜芝也無從猜起。她看了一下，正待開口問他，一粒荔枝由紙包中掉了下來，滾到靜芝的腳前，慕峰看著那粒不爭氣的荔枝，又看看太太訝然的表情，搖搖頭，尷尬的笑了起來。靜芝撿起那粒荔枝，接過先生手裏的紙包，愉快的瞥先生一眼：

「現在就有荔枝賣了？怎麼我在菜市場沒有看見？」

慕峰一聽很得意，故意提高了聲音：

「菜市場當然沒有，這是新上市的，連大的水果攤也不見得都有得賣。幸好我今天有事彎了點路回來，被我發現到，算你有口福。」

靜芝痛惜的盯著那包東西：

「新上市的東西一定很貴，你不應該買的。」

太太這麼一說，慕峰心裏更高興，他像做了一件大善事似的搓著手掌，笑著說：

「應該應該，這是你最喜歡的水果，再貴也要買。你還記得我那次為你帶荔枝闖關的事情嗎？」

靜芝微笑的看著他，那已經是十多年前的事情了——有一次慕峰出國開會回來，剛好碰上有疑霍亂，任何水果海關都不准帶入口。慕峰的那一小包荔枝當然也不例外。也難為他有那麼大的耐心對關員說盡好話，說那是給他老母親治療思鄉病的東西，無論如何也給他幾粒帶回去。關員果然給他說動了，點了點頭，他才如皇恩大赦似的拿幾粒塞在可以過關的行李裏帶回來……。靜芝想到這裏，怡然的對先生笑笑，故意說說他：

「那時候你只是為媽媽才求別人的。」

慕峰藹然的望著太太：

「媽媽還不是為了你，才再三吩咐我帶的。」

想起了往事，靜芝的心緒又開始飄盪了。她拿起一粒荔枝慢慢的剝著它的外殼，留著白色的肉衣包著荔枝肉，她很小心的剝著，從小她就是這麼剝著的，幾十年了，現在已經做了祖母，她還是這麼剝著，一邊像是自言自語的叨唸著：

「那些荔枝我也沒有吃呀，也不知道供了多久，後來如何下落都不記得了。」

慕峰看著她的動作，心裏直想笑：

「後來當然是給你吃掉啦！你還捨得送人不成？真是豬八戒吃人參果，居然說忘了。」

靜芝斜睨先生一眼，燦然的笑了起來。她把一粒剝了外殼的荔枝遞給先生：

「還你一粒人參果。」

慕峰心裏舒暢，像喝了她調釀的葡萄酒那麼陶然。幾十年了，他初次認識她的時候，她就曾這麼給過他一粒剝好的荔枝的……他看見太太剝了一粒荔枝送到嘴裏，關切的問她：

「怎麼樣？我剛才也嚐了一粒，還過得去，不過是賣荔枝的人挑的。你吃也許會感覺還不夠甜，再過幾天菜市場也有得賣的時候就好吃了。」

靜芝把核吐出來，點點頭：

「還不錯，水很多，可以吃了。多少錢一斤？」

慕峰沒有答她，心裏卻在嘀咕：

「你們女人家就喜歡用錢來衡量東西……。」他知道太太喜歡把帶葉的荔枝紮起來掛在窗前。或是裝在那隻高腳的水果盆中，當作擺設。於是他走到桌旁，把一掛帶有葉子的荔枝拿起來：

「你看，這一掛帶葉的，那一大堆荔枝中，就只有這一掛還帶著幾片葉子，我趕緊挑給你……。」

慕峰一邊說一邊解繩子：

「……我知道你一定會喜歡的，現在的人賣荔枝，不知道為什麼要把葉子剝得那麼乾淨，留一些枝葉，增加一點美色情趣多好，也可以刺激消費者的食慾呀！」

慕峰把帶葉子的那幾串挑出來，又去弄他的蘭花去了。靜芝無限感激的看著他，內心有說不盡的甜蜜與滿足。她仍然低頭小心的剝荔枝的外殼，神思卻已千山萬水的飛回到那條荔枝灣了。特別是最後一次和慕峰遊荔枝灣的情景，永難忘懷，現在又歷歷的湧向眼前來了——

那是一條蜿蜒曲折，充滿詩意的小溪，隱約中，記得它是由市區一直通至大河的小溪。大概是因為溪的兩岸遍植南國名聞遐邇的荔枝而得名的吧！民國三十八年的初秋，慕峰因為職務關係要離開廣州市，兩人商量著在離開之前，再暢遊一次荔枝灣。那時候，赤禍雖已氾濫，廣州市仍然一片歌舞昇平。

那天，他們僱了一隻花艇，船家很順利的把船划出去。如果到了下午，遊客多而碼頭小，開出去和靠岸都要費一番功夫才行。

初秋的早上，氣候非常涼爽，空氣裏夾雜著濕濕的涼意，她深深的吸了一口，舒暢無比。小船慢慢的向外滑行，越行水越深，小溪越窄，兩岸茂密的樹葉，幾乎可以相握，船過其中，彷彿進入了非洲的森林地帶。晨曦仍未消散，顯得有點朦朧淒迷。沒有其他的船，四周是那樣的安祥、寧靜。只有咿呀搖船的櫓聲，和船槳擊起的幾個泡沫，溪水像是停滯了。慕峰大概發覺她有點冷，把上裝脫下來給她披上，倆人依偎著，靜靜的諦聽那溪水微弱的呼吸，直到小溪的盡頭，視野豁然開朗，大河在望了。

出得河來，又另有一番天地，河的這邊是西郊游泳場，顧客以學生居多，規模比較小。河對面就是那著名的海角紅樓，一個建築在水上包羅萬象、大眾化的遊樂場所。他們曾在那裏聽過歌，跳過舞，玩過輪盤，偶爾也去泡泡水，或是到溜冰場去摔幾跤。年紀輕，體力好，公餘之暇就是玩。幾間竹造的水上旅館，像長腳鶴似的站在水上，顯得很別緻。下游不遠處泊著華麗的畫舫，那是馳名的水上酒家，他們也曾在那裏小酌過，是吃海鮮的好地方。河上有很多流動的小艇，販賣各式各樣的食物，像蝴蝶似的穿梭於花船之間，偶爾還可以看見與緻好的人在花艇上打麻將，有誰知道自己正在唱後庭花呢？

船家把船向對岸划去，小艇在寬闊的河流划行，剛好有一艘汽船經過，掀起了波浪，艇身擺動不已，好驚險。花艇還沒有靠碼頭，就有小艇靠過來做生意，他們選了魚生粥，看著艇家把幾片透明的生魚片墊在碗底，澆上熱滾滾的稀粥，加點其他作料端過來。兩人在清風徐來，碧波盪漾的小船上吃著燙嘴的粥，真是別有風味，剛才在小溪上感受的陰風寒氣，剎那消失了。

吃完粥，他們上海角紅樓轉一圈，很多場所尚未開放。那天，他們已沒有往日輕鬆的心境，他們不想再玩了，只想向那些曾經給過他們快樂過的地方，多留下一瞥回憶。

即將要離開故鄉的人，對一草一木都會引起無限的留戀。站在海角紅樓的竹屋上，遠眺著前方，兩人都默然無語，看著那河水悠悠，白雲優優，令人好依戀。那是他們生長的地方，誰都不願離開的故鄉……。

剛剛由八年抗戰的顛沛流離中安定下來，剛剛找回了自己的親戚朋友，廣州市剛剛由瘡痍滿目的廢市中復元，還沒有體會到太平盛世的生活，又要遠走他鄉了。心情難免鬱鬱。

離開了海角紅樓，他們還不想回去，想到上游去轉一圈，上游有個小廟，以前他們曾上去求過籤，他們雖然不迷信，但籤中暗示他們會幸福，心中總是高興。所以想去再看看，再求一點福氣……。

小艇沿河慢慢的向上游划去，上游水清波碧，沿岸樹枝垂水，成群的小魚，浮游於碧水長草之間，悠然自得。讓他們兩個庸庸碌碌，馬上又要奔向天涯海角的亂世人神往不已。

上岸的小路已找不到，也就無從拜訪小廟了。四周沒有船跡，岸上遠處有幾個農夫在忙著農事。好個寂靜的世外桃源。

她忽然有所感，低聲的問他：

「如果有可能，我們也效樂昌公主與徐德言，放舟於蕪湖之中，以船為家，與魚為伍，你願意麼？」

他望著她笑笑，不知道是笑她痴，還是笑她傻？

他知道她十分不願意離開故鄉，但又不願夫妻分離，未來的日子誰也不敢預測。經過了八年戰亂的生活，別人的經驗，對夫妻的分離，有點像驚弓之鳥，都不敢嚐試了。

他們沒有再說話，大家都沉醉在這片刻的永恆裏，都不願想到馬上要離別的事情……。

「回去了，好嗎？」

她怔了一下，眼前滿河霞彩，準備回去了的夕陽，益發顯得雍容艷麗，像是盛粧向他們送行，她驚覺時間過得太快了，她還以為靜默可以留住時間呢！她想錯了。

花艇又慢慢的搖向那條窄窄的小溪。

這時海角紅樓已經華燈初上，金碧輝煌，遊客開始湧來，滿河都是紅紅綠綠的花艇，一行行，一列列，川流不息。河上煙霧迷茫，景色瑰麗，只是那時候他們已無心欣賞了。滿懷濃重的離愁，只有不住的回頭、張望……。

當時他們還以為是小別，無論如何都不會像八年抗日那麼艱辛漫長，很快就會回來的。那知道他們離開後一個多月就聽到廣州失陷的消息，真是無語問蒼天。

大陸沉淪，河山變色，想不到一別三十年。

昔日荔枝灣上的繁華景象，早已不復存在，荔枝灣上，也不知道究有多少冤魂。正是

三十年故國河山，別時容易見時難……。

每年到了荔枝成熟的時候，也是她思鄉最切的時候！

她心裏有一份溫暖、也有一份惆悵！

她仍然在剝著荔枝的外殼，心裏卻在默默的祝禱，但願有朝一日，能偕老伴再遊一次荔枝灣……。

謹以此文祝福一對結婚三十周年的夫婦